教員養成を担う

「先生の先生になる」ための学びとキャリア

丸山恭司・尾川満宏・森下真実【編】

溪水社

はじめに

　「先生の先生になる」、つまり「教員養成を担う大学教員の養成」を目的とした本プログラムは、広島大学大学院教育学研究科教育人間科学専攻・博士課程後期（平成28年度改組により教育学習科学専攻教育学分野）を中心とする大学院教育改革の取組み「Ed.D 型大学院プログラムの開発と実践」（以下、本書では「Ed.D 型大学院プログラム」）として、「平成19年度文部科学省大学院教育改革支援プログラム」に採択され、2007（平成19）年9月より活動を開始したものである。支援に基づく事業は2010（平成22）年3月まで展開され、その後広島大学教育学研究科独自の事業「教職課程担当教員養成プログラム」（以下、本書では「教職P」）として現在に至るまで実施されてきている。文部科学省支援期間中は、海外の教員養成系大学・学部と連携して国際シンポジウムを開催したり、博士課程後期学生を海外大学に派遣して「教育実習」の参与観察を行ったりしてきた。研究科独自事業となった平成22年度以降は、大学における教職課程カリキュラムの開発、授業のシラバス編成といった学修や、広島大学や他の公立・私立大学、短期大学における教職科目授業を部分的に担当する「教育実習（本プログラムにおける教職授業プラクティカム）」を実施し、取組みを継続してきた。本書は、スタートから10年経過した今の時点で、プログラムを振り返り、その課題と成果を確認するとともに、さらに発展的に高い成果を求めるマイルストーンとなることを意図している。

　元来、本プログラムは「教職課程担当教員の組織的養成」を副題としている。広島大学大学院教育学研究科はこれまで多くの大学教員・研究者を養成し、とりわけ全国の大学教育学部や教員養成系学科等に人材を輩出してきた実績を有している。その基盤には、博士課程前期・後期を通して教育学研究者をめざす大学院学生の厳格な学術的修練があったことは確かである。しかし、研究者養成としての大学院教育が成果をあげる一方で、大

学教育を担う教育者としての養成は、これまで個々の大学院学生の資質や指導教員からの人格的影響に委ねられてきたことも事実である。

　このような従来機能していたであろう研究者養成を基にした教育者養成への、ある種の危機感から本プログラムは構想された。ユニバーサル化する今日の高等教育機関において従来型（Ph.D型）大学教員は十全に教育の職務を果たすことができるのか。まして教育学研究科は初等・中等段階の学校教員を養成する大学教員を養成するという課題を担っている。学生に教育を語る大学教員の教育力が問われているのである。そこで本取組みでは、確かな研究力に加え、大学教育において実践的な指導力を発揮できる人材、高等教育を含む教育臨床に的確に対応できる（Ed.D型）人材の養成をめざし、そのためのプログラムを開発・実践してきたのである。

　この間の教員養成に関わる状況の変化も本プログラムの展開と密接に関連している。2012（平成24）年8月には中央教育審議会から「教職生活の全体を通じた教員の資質能力の総合的な向上方策について」が答申され、2015（平成27）年12月には同じく中央教育審議会から「これからの学校教育を担う教員の資質能力の向上について―学び合い、高め合う教員育成コミュニティの構築に向けて―」が答申されている。そこではいずれも、教職とは生涯に亘って絶えず自己向上を図って学び続ける専門職であり、大学での養成、採用入職、現職での研修の各段階を貫通して一体的に資質能力の向上に取組まれるべきものであることが謳われている。とりわけ平成27年答申では、その具体的施策として教育職員免許法の一部改正が提起され、大学での教職課程の質保証が強く求められている。大学の教職課程が新たな現代的教育課題にいかに対応できるか、また様々な教員免許種、校種、教科種別がある中で、すべての教職志望者が身につけるべきコアとは何かといった観点から大学教職課程の改善が求められているのである。

　今日の高度に複雑化した教育課題克服のために、学校教員の力が大きくその成否を左右することは言を俟たない。本プログラムは、この高度な課題の克服に取組み自律的に研究開発し続ける学校教員を大学においていか

はじめに

に養成するか、というチャレンジでもある。そして、そのチャレンジを成し遂げる重要な鍵が教職課程を担当する大学教員にこそあるという洞察に基づいて取組みを展開してきている。

　我々の10年間の取組みをお目通しいただき、忌憚のないご批判、ご意見を賜りますれば誠に有り難く存じ上げます。ご批判と反省を踏まえ、これからの活動をより成果あるものにしたいと期しております。

広島大学大学院教育学研究科教授
（プログラム開設時取組代表者）

坂越　正樹

本書の構成について

　近年、「大学教員になるには」というテーマでの図書刊行が増えている。そのなかで本書の特質は、大学教職課程の担当教員になるには、すなわち「先生の先生になるには」というテーマに焦点化している点にある。したがって、本書は教員養成系大学・学部で教壇に立とうと考えている大学院生、また大学での教員養成に関心のある教育関係者、さらには現在実際に大学で教員養成にかかわっている大学教員に向けて、教員養成を担うにあたり必要な知識や視点、学習方針や授業改善のヒントを凝縮するよう編集された。同時に、大学教員の職能開発についても検討している点で、ひろくファカルティ・ディベロップメント（FD）担当者にも示唆を与えるものとなっている。

　本書は以下のように3部構成をとっている。

第Ⅰ部　現代教員養成制度における教職課程担当教員の力量形成の課題
第Ⅱ部　教職課程担当教員としての初期キャリア形成にみる「教員養成を担う」課題
第Ⅲ部　「先生の先生になる」教育プログラムの取組：その意義と課題

　第Ⅰ部は、教職課程担当教員として身につけておくべき知識や視点を学びたい、考えたいという方に、ぜひお読みいただきたい。

　「はじめに」でも触れられているように、本書の基盤となっているのは、「Ed.D型大学院プログラム」（2007年9月から2010年3月まで）と、その後継である「教職P」（2010年4月から現在）における一連の取組である。第Ⅰ部を構成する第1章・第2章・第3章は、Ed.D型大学院プログラム開始時に新規に開設されたコースワーク科目に対応したテキストとなっている。それゆえ、Ed.D型大学院プログラムや教職Pについてよく知らないという方にとっても、教員養成を担ううえでは必須で最低限の、

また挑戦的で発展的な、力量形成のための論点が提示されている。

　部分的に、Ed.D型大学院プログラムや教職Pの内容を理解したほうが分かりやすいという部分もあると思われる。その場合には、第Ⅲ部第6章などを参照してほしい。広島大学大学院教育学研究科がどのような理念のもと、どのようなプログラムとして授業科目を設置し開講しているのか、その本質を理解していただくことができれば、第Ⅰ部各章に対する理解もいっそう深まるであろう。

**　続く第Ⅱ部は、教職課程担当教員になるとどのような課題や状況に直面するのか、教職課程担当教員になるにはどのようなルートを歩み、どのような学びや意識変容を経験することになるのか、具体的なキャリアモデルを参照したいという方に、ぜひお読みいただきたい。**
　第Ⅱ部を構成する第4章・第5章には、主に若手教員として大学教職課程を担当している6名の大学教員のキャリア・ストーリーを収録した。第4章は大学学部卒業後そのまま大学院修士課程、博士課程へと進学し、大学教員のポストを獲得した若手教員のストーリーから構成されており、章末にはそれらのストーリーに関する解説を付している。また第5章は、大学学部卒業後、学校教員としてキャリアを積み、その後大学教職課程の教員となった3名のストーリーを収録している。本章に登場する3名の大学教員は年齢の点で必ずしも「若手」とは言いづらいかもしれないが、大学教員としてのキャリアという点では比較的年数の浅い方々である。この3名のうち2名は大学院博士課程での研究経験を積んだ後に大学教員となっており、1名は校長退職後に大学院教職高度化専攻（当時）に実務家教員としてポストを得た者である。前者2名について、学校教員として在職しながら、あるいは学校教員を退職して大学院博士課程に入学することは、多くの者にとって重大な決断であり、現在のところ必ずしも一般的なキャリアシフトのケースではないかもしれない。しかし、その分、彼らが経験したキャリアシフトの過程には、立場が変わる際に直面する教育をめぐる根本的な問いが立ち現れているように思われる。一方、後者1名につい

て、現在は教職大学院の設置にともない管理職経験者が大学教員として採用されるケースが増えている。この場合、大学院博士課程での研究経験を積むことなく大学教授職へと参入するわけであるが、その際に当事者が感じるであろう学校現場と教員養成の現場の差異について、読者に疑似体験していただければと思う。さらに、章末の解説をもとに学校教員から大学教員へのキャリアシフトをどうとらえ、臨むかということをご自身に当てはめて考えてみることも有意義だろう。

　最後の第Ⅲ部は、大学教育改革や教員養成改革、あるいは大学院博士課程で教職課程担当教員の養成に取り組む方に、ぜひお読みいただきたい。
　第Ⅲ部では、広島大学大学院教育学研究科が 2007 年以降取り組んできた本事業の紹介と、プログラム履修者の具体的な学び、それらをふまえた暫定的なプログラム総括が行われる。第 6 章では、2007 年から今日に至るまで、同研究科が何を目的とし、どのようにプログラムを構想・実践してきたのかが紹介される。第 7 章では、教職 P 正課カリキュラム「教職授業プラクティカム」における学習過程が詳らかに記述され、省察される。続く第 8 章では、正課カリキュラムおよび正課外での活動によってプログラム履修生が実際に何を学ぶのかという、教職 P の「隠れたカリキュラム」が明らかにされる。そのうえで、最終章の第 9 章では、教員養成の観点と、FD・プレ FD の観点から、本プログラムの意義と課題が考察される。教職課程を担当する大学教員（を目指す者）として、何を、どのように学ぶ必要があり、教育改善に向き合うべきなのかについて、本書読者に取り組んでいただきたい問いが立てられる。

　本書は以上のような構成をとっている。読者におかれては、それぞれの関心ある部・章から読み進めていただければ幸いである。
　これらの取組の推進過程において、すでにいくつかの取組報告書や研究報告書が発表されている。本書ではそれらの報告書が多く参照・引用されているため、あらかじめ以下にその一覧を示しておきたい。

広島大学大学院教育学研究科（2007年度採択　文部科学省大学院教育改革支援プログラム）編、2009、『Ed.D型大学院プログラムの開発と実践―教職課程担当教員の組織的養成―（中間報告書）』。

広島大学大学院教育学研究科（2007年度採択　文部科学省大学院教育改革支援プログラム）編、2010、『Ed.D型大学院プログラムの開発と実践―教職課程担当教員の組織的養成―（最終報告書）』。

広島大学大学院教育学研究科教職課程担当教員養成プログラム、2012、『平成23年度採択広島大学特別事業経費（全学裁量経費）Ed.D型大学院プログラム支援　教育・研究活動報告書　これからの大学教員養成の話をしよう』。

広島大学大学院教育学研究科教職課程担当教員養成プログラム、2013、『平成24年度教職課程担当教員養成プログラム報告書―博士課程学生がすすめる〈FD〉―』。

広島大学大学院教育学研究科教職課程担当教員養成プログラム、2014、『平成25年度教職課程担当教員養成プログラム報告書　先生を育てる先生として育つ―教職課程担当教員養成プログラムの実証的研究―』。

広島大学大学院教育学研究科教職課程担当教員養成プログラム、2015、『平成26年度教職課程担当教員養成プログラム報告書』。

広島大学大学院教育学研究科教職課程担当教員養成プログラム、2017a、『平成27年度教職課程担当教員養成プログラム報告書』。

広島大学大学院教育学研究科教職課程担当教員養成プログラム、2017b、『平成28年度教職課程担当教員養成プログラム報告書』。

広島大学大学院教育学研究科教職課程担当教員養成プログラム、2018、『平成29年度教職課程担当教員養成プログラム報告書』。

　いずれもウェブ上で閲覧可能であり、とくに2012年以降に刊行された報告書の内容は広島大学学術情報リポジトリからダウンロード可能になっている。ほかにも関係者らによる学会報告や研究論文などで成果が発表・

蓄積されているため、関心に応じてご参照いただければ幸いである。

　　　　　　　　　　　　　　　　　　　　　　　尾川　満宏

目　次

はじめに……………………………………………………………………… i
本書の構成について………………………………………………………… v

第Ⅰ部　現代教員養成制度における教職課程担当教員の力量形成の課題

第1章　現代教員養成の基盤　………………………………… 4
　第1節　教員養成の歴史と現状　4
　第2節　教職課程の編成原理　12

第2章　教職科目の授業論　……………………………………21
　第1節　大学の授業改革と大学教授学の課題
　　　　　―講義の演習化、演習の講義化―　21
　第2節　教職科目の授業づくりをめぐる論点の整理
　　　　　―「教育学研究」と「教員養成」のあいだ―　25

第3章　実践的力量の形成と評価　………………………………32
　第1節　教職科目の授業実践と授業改善　32
　第2節　教職課程担当教員としての省察　37

第Ⅱ部　教職課程担当教員としての初期キャリア形成にみる「教員養成を担う」課題

第4章　若手教員として大学の教壇に立つ　………………………48
　第1節　「先生の先生になる」途上での振り返り　48
　第2節　「先生」を目指す学生とともに育つ「先生の先生」　55
　第3節　「独り大学」ではたらく　62

第4節　若手大学教員のライフストーリーを読む　70

第5章　学校現場での経験を教員養成に活かす……………76
　第1節　小学校教員から大学教員になる　76
　第2節　高等学校教員から大学教員になる　82
　第3節　中学校校長から大学教員になる　91
　第4節　学校教員から大学教員への転身―大学におけるペダゴジカル・コンテント・ノレッジの重要性―　96

第Ⅲ部　「先生の先生になる」教育プログラムの取組
　　　　　―その意義と課題―

第6章　「先生の先生になる」ための教育プログラム
　　　　　―Ed.D型教育プログラムの革新性―………… 102
　第1節　教員養成をめぐる現代的課題　102
　第2節　「Ed.D型」大学院プログラムの内容と導入過程―広島大学大学院教育学研究科のアプローチの枠組み―　109

第7章　「先生の先生になる」ための教育プログラムの現状と課題……………………………………… 117
　第1節　事前検討会における目標―内容―方法―評価の明確化と授業構想の共有―　118
　第2節　プラクティカムの実施、およびその記録と解釈　122
　第3節　事後検討会における「省察」を意味づける枠組み　130
　第4節　「プラクティカム」を軸とした実践の意義と課題　135

第8章　Ph.D型プログラムとEd.D型プログラムとの交差
　　　　　―その意義と課題―………………………… 139
　第1節　プログラムで大学院生は何を学ぶのか　139

第2節　プログラムにおける共同研究の意義　146

第9章　三つの視点からみたプログラムの評価と課題 … 156
　第1節　教員養成の観点からみたプログラムの意義と課題　156
　第2節　プレFDの観点からみた「教職授業プラクティカム」の意義と課題　165
　第3節　教職課程担当教員としての学び・変容をどうとらえるか　171

おわりに　「先生の先生」から日本型教師教育者へ …………………… 179
あとがき…………………………………………………………………… 181
引用・参考文献…………………………………………………………… 183
索引………………………………………………………………………… 193
英文目次…………………………………………………………………… 197
編者・著者一覧…………………………………………………………… 201

教員養成を担う
「先生の先生になる」ための学びとキャリア

第Ⅰ部
現代教員養成制度における
教職課程担当教員の力量形成の課題

第1章　現代教員養成の基盤

第1節　教員養成の歴史と現状

1　戦前期教員養成の系譜
1）師範学校による初等教員の直接養成

　日本で学校教員の養成を最も早くから担ったのは、1872年の学制施行と同時に創設された師範学校であった。師範学校は小学校卒を入学資格とし、その学科課程は小学校で指導する科目の専門内容およびその教授法、加えて教育学・心理学・学校管理法・実地授業（教育実習）で構成された。戦前においては、教員養成を担う独立した学校が必要だとする考え方が根底にあり、80年近くそれが維持されたことになる。しかし、第二次世界大戦後、師範学校で行われた教育や、卒業生が持っていたという「師範型」と総称される真面目だが創意に乏しく因循姑息な気質などが徹底的に批判を浴び、制度上清算される。

　留意すべき点として挙げられるのは、師範学校のあらゆる面が断罪され、教員になるための準備教育の重要性が顧みられなかったことである。本来ならば、批判を受けるべきは閉鎖的な校内での人物主義教育や、師範学校が長きにわたり中等学校程度の位置づけにあったこと[1]、入学生を教職の道に縛りつける制度などであり、教員養成教育そのものではなかったはずである。しかしながらその点を考慮せずに教員養成を目的とした教育

---

[1] 1943年の師範教育令改正によって、専門学校程度への昇格を果たすまで、師範学校は中等学校であった。修業年限は4年から3年へと変わった。

を強く否定したことが、大学における「オプション」（佐藤 2015、p.25）としての教員養成制度の採用を招いたといえよう。

　それでは、具体的に師範教育の何が問題であったか。それは大きく二つ指摘できる。第一に、何を教えるかということを自主的に設定・研究する機会を奪われたことである。1880年「教育令」改正で各府県に公立師範学校設置が義務づけられるようになると、その教育内容が国家に規制され、画一化が進んだ。翌81年制定の「師範学校教則大綱」は、入学資格、授業時数の規程を細かに示しており、「師範学校教育の画一化に先鞭をつけたもの」とみなされている（山田 1965、p.40）。

　その他に、現在の教職科目にあたる「教育」科から研究的要素が取り除かれたことも大きい。上の「師範学校教則大綱」では「教育学」の名称が用いられていたが、1886年の「尋常師範学校ノ学科及其程度」では「教育」と表記されている。「教育学」はというと、高等師範学校および帝国大学における講究の対象として占有化されていった（山田 1965、p.41）。このことは、師範学校を定められた教育内容の授受に終始する機関たらしめていった一因といえよう。

　師範教育の問題点の第二は、寄宿舎制による人物主義教育であった。寄宿舎制自体は師範学校成立当初からあったが、退役軍人を舎監に置いたり、上級学年による下級生への管理統制を徹底させたりしたのは1886年の「師範学校令」からである。これを布いた森有礼文部大臣は、教員の理想的な在り方を「教育の奴隷」や「教育の僧侶」と表し、師範生徒に「人格者」であることを求めた。また、「順良（目上の者への敬意、命令を実直に遂行する志）」「信愛（同僚間の連帯）」「威重（下の者への威厳）」の三気質を備えさせようとした結果、卒業生に極端な聖職者意識を植え付けることとなった。三気質そのものが師範型と同義ではないが、その涵養に目的を集中させた師範教育は「人間の機械化」と評され（下中 1920、p.395）、出身者からも「青年教育者を人格的に殺して仕舞って」「徒に知識の仕込売りの徒と化せしめる」との批判（野口 1922、p.389）を受けてしまうのである。

　さらに、師範学校生徒を特殊化させることにつながった諸制度も「師範

型」の形成に影響を与えたと考えられる。特に給費制度と服務義務を組み合わせたことは重要であった。前者は、入学生に学費・生活費・文具・日用品・衣服などを支給する制度で、軍関係の学校以外では採られないものであった。後者は、卒業後に指定された公立学校で一定期間の奉職を強いる制度である。これらにより、師範学校には学業成績は悪くないが家庭の経済事情等で中学校―大学には進学できない学生層が集まり、一種の行き詰った雰囲気を醸成していた。

　教員養成は、それを目的とする学校によって行われるべきという考え方自体にはそれほど問題があるようには思えない。しかし戦前期においては、それを国家主導で管理強化していく方針が過剰に重視されたり、非学問的な教育が展開されたりしたがゆえに、教員養成教育の内容を検討できず、制度上は画一化された教師を生み出すことに終始してしまった。この点を教訓とするべきであろう。

2）中等教員養成の多様性

　次に、話を中等教員養成に移そう。その正系養成ルートとして高等師範学校がある。これは東京師範学校内の中学師範学科が独立したもので、1886年の師範学校令により制度化された。1945年までに男子は東京、広島、金沢、岡崎に、女子は東京、奈良、広島に計7校設置されたものの、その卒業生のみで教員需要を満たすことは難しかった。例えば、中学校の有資格教員に占める教員養成学校出身者の割合は、1904年で16％、1916年でも25％に過ぎない（国立教育研究所1974、p.1438）。よって、その不足を補う二つのルートが存在した。大学や専門学校を経たことをもって教員資格を与える間接養成と、文部省の検定試験による直接検定である。

　前者は、無試験検定制度と呼ばれている。文部省の認めた大学あるいはその特定の学科を「許可学校」とし、その卒業生は「検定委員ノ意見ニ依リ試験ヲ免除シ又ハ其ノ一部ヲ省略スルコトヲ得」る、つまり試験検定を経ずに教員資格を得ることができる制度である。初めは帝国大学を中心とした官立学校にしか認められていなかったが、1897年に「公立私立学校

外国大学校卒業生ノ教員免許ニ関スル規定」が公布され、対象を私立・公立学校にも拡大した（豊田 2010、pp.36-37）。それにより、拡大する中等教育を支える人材の輩出が行なわれていった。

後者は「文部省師範学校中学校高等女学校教員検定試験」といい、「文検」と通称される。1885年から1943年にわたり通算78回行われ、約25万7千人が受験し、約2万4千人の合格者が出たとされる。科目は教育科、国語漢文、英語、数学、地理、歴史、家事、公民などがあった。検定を経た者の中学校教員全体に占める割合は、1916年で34％と少なくなかった（寺﨑 2003、pp.i-ii）。

これらのうち、無試験検定の存在は大きかった。それは教育者としての自覚や教師になることを念頭に置いた訓練の不足を課題としながらも、一定水準の学問を修めた者はそれを教授し得るという考え方を中等教育界に強く根付かせる結果を招いた。何より、文部省の認定を受けた学校での間接的な教員養成という骨組みは、教職課程を備えていればどの大学も教員養成に携わることができる戦後の免許状授与の「開放制」と酷似していることを認識しておく必要がある。

2　戦後教員養成の問題史
1）「大学における教員養成」に潜む対立

第二次大戦後、「大学における教員養成」と「開放制」の二大原則が布かれた。師範学校による教員養成の弊害を取り除くため、その担い手を学問の自由と教育の自由が保障された大学に移したのである。「教員の養成は総合大学及び単科大学において教育学科を置いてこれを行う」（戦後日本教育史料集成編集委員会 1982、p.337）方針には、異論を差し挟む余地は残されていなかった。争点は、どのような大学でそれを行なうかであった。大まかにみると二つの大学像が示され、対立した。一方は帝国大学のような学問中心の大学、もう一方は教員養成を目的とする大学である。

新学制発足にあたり、占領下にあった日本の教育はGHQの民間情報教育局（以下、CIE）の影響を少なからず受けた。CIEの要請を受けて来日

した第一次米国教育使節団の報告書をみると、「師範学校は、もっと優れた専門的（教師としての）準備教育と、更に十分なる高等普通教育を施すように、一層高い基準で再組織されなければならぬ」と勧告されており（戦後日本教育史料集成編集委員会 1982、p.108）、占領政策の基軸は師範学校を高等教育レベルに強化することにあった。

　これに対し、日本の教育有識者で構成された内閣総理大臣の諮問機関、教育刷新委員会（以下、教刷委）においては、師範学校や教員養成教育に否定的な見解を示す委員が多数派を形成していた。彼らは、教師には「学問的教養」と「優れた人間性」が備わっていれば十分だと主張した。一方で教刷委には、教員としての特別な知識や技能の必要性を訴え続けた木下一雄（東京第一師範学校長）や倉橋惣三（東京女子高等師範学校教授）らがいたが、大勢を覆すには至らなかった。この構図はアカデミシャンズとエデュケーショニストの対立として把握されている。前者の代表格である天野貞祐は、教授法や教育学を学びさえすればよい教師になれるという考え方は間違っているとしたが、後者の倉橋惣三は「教育専門家」であるべき教員は特別な教養を備える必要があり、それが「教育科学的充実」によってなされるべきと主張し、双方の歩み寄りは得難かった（山田 1970、pp.87-96）。

　ところで、CIE の教員養成担当部門と 1946 年段階から頻繁に会合を持っていたのは東京第一師範スタッフや、アカデミシャンズの主張を良しとしない玖村敏雄文部省師範教育課長であった（高橋 2010）。つまり、教刷委では軽視された教職教養や教員養成学校を重視する路線が下地となりつつあったといえる。しかし、1947 年 5 月の教刷委建議「教員養成に関すること 其の一」が横槍を入れることになった。上述の議論に終止符を打つべく「教育者の育成を主とした学芸大学」という妥協案を見出したのである。

　学芸大学は、「大学の内容としては幅広い学問的教養を意味する一般教養を主とし、機能としては小・中学校の教員を多く輩出していく」もので、アカデミシャンズとエデュケーショニスト双方にとって受け入れやすい解であった。しかし、教養教育を前面に押し出し、「教員養成に積極的

にならない大学」でこそ新たな資質を備えた教員を養成可能とする逆説的な方法である点が課題であった（TEES 研究会 2001、pp.89-90）。その後、教刷委は教員養成制度の立案主体から外され（高橋 2016、p.47）、教員養成をどのように行うかが十分議論されないまま、教育職員免許法の策定、施行、新制大学の発足を迎える。

　結果、戦後教員養成は戦前の構造を色濃く引き継いで出発することになる。「各都道府県には必ず教養および教職に関する学部若しくは部をおく」方針に基づいて、師範学校・高等師範学校は国立大学教育学部・学芸学部あるいは単科の学芸大学として再編・統合され、国立教員養成大学・学部の形で残った。それ以外で教員養成に携わる大学群（一般大学・学部と呼ばれる）は、戦前の無試験検定による許可学校を継承するものであった（TEES 研究会 2001、pp.329-365）。なお、教刷委の掲げた「教育学科を置いて」の教員養成は全面的に実現しなかったものの、養成教育の内容・条件を文部省が事前認可する課程認定制度によって、多様な大学が教員養成に参入し得る礎が築かれた。こうして、免許状授与の「開放制」原則が布かれることとなった。

２）教員養成教育の担い手の問題

　「大学における教員養成」に「新制大学の理念のもとで、高い教養と深い専門的学芸の研究を通して個性豊かな人間を形成し、そうした大学教育を受けた者のなかから新しい資質能力を持つ教員を生み出す」意図（土屋 2002、p.80）が込められていることには首肯できる。ところが、この新しい理念に基づき、教員養成が実際どのように行われたのかについて明らかにされていることは少ない。特に、1950 年代以降の解明が課題とされている（船寄 2007、pp.137-138）。

　なかなか実態が明らかにされない戦後教員養成であるが、とはいえ残された史料（例えばシラバスや学内刊行物、時間割、履修記録）をひも解けば、戦後教員養成の内実を映し出すことはできる。ここではそうした史料を用いて教員養成をめぐる教育体制について述べてみたい。

第Ⅰ部　現代教員養成制度における教職課程担当教員の力量形成の課題

　具体的には、一つのケース・スタディとして東北大学教育学部をとりあげる。同学部は、宮城師範学校と東北帝国大学の合併によって設置され、国立大学教育学部のなかでは極めて特異な性格を持つ。同時に、総合大学を基盤とした義務教育教員養成が日本で初めて実験された場でもあり、「大学における教員養成」をどのように体現しようとしたのかを検討するのに適している。

　東北大学の教員養成を追ってみると、その担い手が特定の教員集団に限定されていく現象を見出すことができる。同教育学部は宮城師範学校を組織基盤とする教育教養部と、東北帝大法文学部を母体とする後期学部の2部門で構成されていた。学部創設当初、教育教養部の元師範学校スタッフは前期課程の一般教育を主として担っており、専門教育の教授に携われていなかった。その間、他学部の教員が教科専門や教科教育の担当として教員養成に深く関わっていたのであるが、次第に教育教養部教員に取って代わられていく。例えば表1-1の教科教育法担当状況によれば、担当者が経年にしたがって教育教養部教員にうつっていく様子が読み取れよう。

　さらに、教員養成課程学生の教科専門科目の履修状況（科目は国語・社会、1960年度卒業生）を調査したところ、次の点が明らかとなった。中学校教諭養成課程の学生が履修する授業科目の9～10割が教育学部以外の部局に所属する教員のもの、つまり他学部開講科目で占められていたのに対し、小学校教諭養成課程学生の履修した他学部科目は国語で6割、社会では3割に過ぎなかった（久恒 2015、p.99）。その要因は、学部が学生に対して学部内で開講されている科目の履修を指定するようになったこと（東北大学教育学部 1956、pp.74-87）だと考えられる。

　これらは、東北大学の中で各部局が協力して教員養成を行なうことの困難さを示している。加えて教育学部に、大学全体での協力よりも自己完結した養成教育を重視する姿勢があったことも無視できないのである。

　学問や教養を修めることを通じて教師をつくる「大学における教員養成」は、大学全体へ教員養成担当としての自覚を求める理念のはずだが、その体現がいかに難しいかを東北大学の事例は教えてくれる。今日におい

表1-1 新制東北大学における教科教育法担当者一覧

教科名	国語	社会	数学	理科	英語	図画	工作	音楽	体育	家庭
1951年	佐藤(喜)	竹内	和泉	和泉	不明	不明	不明	不明	不明	有山
1952年	〃	〃	淡中	高橋	伊田	嶺岸	嶺岸	不明	佐藤(信)	〃
1953年	〃	〃	〃	〃	長谷川	〃	〃	不明	不明	不明
1954年	〃	〃	〃	〃	〃	〃	〃	福井	不明	一条
1956年	佐藤(喜)	竹内	矢部	〃	〃	大宮司	大宮司	福井	開設なし	〃
1958年	山本	竹内	淡中	〃	〃	嶺岸	嶺岸	福井・佐藤(益)	佐藤(信)	〃
1960年	山本	平	淡中	〃	〃	〃	〃	福井	佐藤(信)	大泉
⋮	⋮	⋮	⋮	⋮	⋮	⋮	⋮	⋮	⋮	⋮
1964年	山本	平	淡中	高橋	長谷川	嶺岸	嶺岸	末武	佐藤(信)	大泉

※ □ は教育教養部所属の元宮城師範学校教官を示す。
[出典] 久恒（2016）、p.105

てもしばしば、教員養成教育組織と等置されるのは「教職課程担当教員」に限定されがちであると思われる。そうした中で、教員養成の質の保証や向上を行なっていくには限界がある。かといって、教育職員免許法および同法施行規則による教育内容の規定を強めては、各大学の主体性を損なう。

現在、約800の大学等が課程認定を受けているが、全国的規模の質保証策はない状態だ。大学同士が互いの教員養成教育を認証評価して、その質的維持・向上を図っていくアクレディテーション・システムの試行も一つの手段ではある（東京学芸大学 2014）。ただ、教員養成を誰がどう担っていくのかの検討も、その質保証として忘れてはならないことではないだろうか。

（久恒　拓也）

第2節　教職課程の編成原理

1　教職課程編成の留意点

　教職課程を編成する際に必ず踏まえておくべきことは、教職課程の法的位置付けに加えて、当該の教職課程によって育成しようとする「望ましい教師像」あるいは「教師に求められる資質能力」をどのように設定するか、という点である。この目指すべき最終ゴールをどのように定めるのかによって、コースの内容や教育方法等も含めた教職課程の編成の仕方は異なったものになる。もちろんこの「望ましい教師像」や「教師に求められる資質能力」は第1節でも明らかなように、歴史的・社会的に変化してきた。近代以降、日本においては大きく二つに分ければ、専門教育を受けたアカデミックな教師（中等学校）と教育学的教養と教育実習を重視するプロフェッショナルな教師（初等学校）という二つの教師像をめぐる論争が展開されてきたことからもわかる通り、「望ましい教師像」は普遍的なものではない（船寄 1998, p.23）。官公私立を問わず、教員養成を目的とする大学以外の一般大学でも教員免許の取得を認める、いわゆる「教員養成の開放制」とも関わって、「教師に求められる資質能力」をどのように捉えるのかという点は、教職課程を設置する大学・組織の基盤となる重要な論点なのである。この点は2005年12月に中央教育審議会から出された「今後の教員養成・免許制度の在り方について」（中間報告）においても、現在の教職課程の抱える問題点として、教員を養成する目的意識が必ずしも十分ではなく、修得させるべき知識・技能、資質能力が不明瞭のままであり大学教職員間に共有されているとは言い難いと指摘された（中央教育審議会 2005）。

　教職課程の質の保障という問題もまた、教職課程を編成する際に留意すべき課題である。重要な問題であるが、高い専門的学識や幅広い教養、教育学的知見や教授技術・方法など、「教職の専門職性」は何かという常に問われ続けている重要な問題に加えて、「教職の専門職性」を身につけさ

せるための教職課程の教育の質をどのように担保していくのかが問われている。教員が高度専門職として教育研究の成果（学芸）を基盤に養成される一方で、教職に就いたその日から教壇に立ち、子どもたちの教育を担うことのできる実践性をも同時に求められている状況の中で、教職課程の質的水準が大きな問題となっているのである。後述するように、大学での養成だけではなく、現在、大学院での教員養成の方向も含めて議論されていること、あるいは教員免許状更新講習や課程認定制度改革がこうした文脈からも進められていることを考えれば、この課題は現在の教職課程・教員養成の中でも極めて重要なものと捉えることができる。課程認定制度改革においては、この課題への対策として全国的な水準の確保を目指す教職課程コアカリキュラムの作成が導入された。果たしてこれが全国的な教職課程の質保証の担保となりうるのか、今後も注意していく必要があるが、教職課程に携わるものとして重要なことは、こうした改革の動向を踏まえて、各大学の教職課程の質保証をいかに成しうるかを検討していくことである。

　大学等での養成と採用、現職研修とを円滑に連携させることも重要な課題である。社会の変化といった視点だけではなく、数十年に及ぶ教師生活の各段階で必要とされる資質能力も異なる、という認識に基づいて、ライフステージに沿って「教師に求められる資質能力」の向上をどのように図っていくのかという点もまた、教職課程の編成において念頭におくべき課題となっている（教育職員養成審議会 1999）。

　以上のように、現在、我が国において教職課程を編成する際に各大学・組織で検討すべき課題がある一方で、国の重要な公的事業である教員養成を目的とする教職課程の編成では、一定程度、国家による規制や行政上の管理を受けることは避けられない。第1節でみたように、歴史的にみても、国家が教員養成を教育の質の要と捉え、教員養成に関与してきたことは周知の事実である。国家による規定自体がもたらす課題については第1節で指摘したので、ここでは実際に、国家による規定の内容やその内容から生じている課題について確認しておこう。

第Ⅰ部　現代教員養成制度における教職課程担当教員の力量形成の課題

　国家による規制や行政上の管理は、文部科学省や審議会の通達・答申等に記される「方針」「理念」「提言」として行われるだけではなく、法律（教職課程に限れば主として教育職員免許法の規定）に基づいている。そのため、教職課程を編成するためには、教育職員免許法に定められている免許状取得のための科目や内容、単位数などの規定を知らなくてはならない。

　2002 年の免許法改正により、中・高等学校の教諭が小・中学校の相当教科と「総合的な学習の時間」を担当できるようになったことは、義務教育学校と高等学校との間での人事交流をより促進するものとなっている。この点から見ると、教職課程を教育職員免許法に基づいて、授与される免許状の種類に応じた科目・単位を履修できるように整えるだけでは、実際に教壇に立つ教師を育成する、という点からは十分ではないことが指摘できる。複数免許を取得できるようなコースを設定することや、異なる校種の学校に配属されても、教師として力量を発揮できるような教職課程にすることが必要となっている。

　さらに 2015 年 12 月に出された中央教育審議会答申「これからの学校教育を担う教員の資質能力の向上について〜学び合い、高め合う教員育成コミュニティの構築に向けて〜」に基づき、より実践的指導力のある教員の養成を目指して、2016 年 11 月に教育職員免許法および施行規則の改正が行われた（中央教育審議会 2015）。この改正は、現在の学校現場の現状を踏まえ、教員に必要とされる知識や資質を養成課程で確実に修得できるよう、教職課程の構造・内容を刷新しようとするものであり、後述するように、主として「科目区分の大括り化」と呼ばれる科目区分の変更と、教職課程に新たに教えるべき内容を加える履修内容の充実が図られることになった。加えて新しい教育職員免許法および施行規則に基づき、すべての大学の教職課程で「共通的に」修得すべき資質能力を示した教職課程コアカリキュラムが定められ、2019 年にはすべての教職課程がこの新しい基準に従って認定審査を受けることとなった。

　こうして国家・中央行政から「望ましい教師像」あるいは「教師に求められる資質能力」の基準が強く打ち出される一方で、各大学がそれぞれの

教職課程の中で地域や学校現場のニーズ、大学の自主性や独自性を踏まえた教育内容を提供することも要請されている。国が示す「共通的な」基準をクリアしつつ、各大学が抱く「望ましい教師」を育成する独自の教職課程をどのように構築するのか。教職課程認定基準を満たすだけの教職課程ではない、これからの教育を担う教師たちを育成する積極的で挑戦的な教職課程編成を行うことが今、求められている。

2　教員免許状と教職課程コアカリキュラム

　教員免許状には学校種ごとの普通免許状、特別免許状（幼稚園と中等教育学校を除く）、臨時免許状（中等教育学校を除く）があり、それぞれ都道府県教育委員会から授与されることになっている。普通免許状の中には修士の学位を必要とする専修免許状、学士の学位を必要とする一種免許状、短期大学士の学位を必要とする二種免許状（高等学校を除く）がある。

　大学において修得することを必要とする法律上の科目区分として従来、「教職に関する科目」「教科に関する科目」「教科又は教職に関する科目」があったが、2016年の改正によってこの三つの区分を廃止して「教科及び教職に関する科目」とし、現行では八つに区分されている施行規則上の科目区分を「教科及び教科の指導法に関する科目」「教育の基礎的理解に関する科目」「道徳、総合的な学習の時間等の指導法及び生徒指導、教育相談等に関する科目」「教育実践に関する科目」「大学が独自に設定する科目」の五つにした（大括り化）[2]。さらに学習指導要領の改定や新たな教育課題に対応するために教科及び教職に関する科目に新しい事項が追加されることになった。詳しくは表1-2の「各科目に含めることが必要な事項」に示した通りである。さらに保育内容、各教科、道徳、特別活動、総合的な学習の時間に関わる指導法の授業や、教育課程および教育方法・技

---

[2] 幼稚園教諭・栄養教諭・養護教諭もこの規定に準じ、それぞれ「領域及び保育内容の指導法／養護／栄養に関する科目」「教育の基礎的理解に関する科目」「道徳、総合的な学習の時間等の指導法及び生徒指導、教育相談等に関する科目」「教育実践に関する科目」「大学が独自に設定する科目」の五つが設定されている。

第Ⅰ部　現代教員養成制度における教職課程担当教員の力量形成の課題

術に関する科目においては、アクティブ・ラーニングの視点を取り入れることが定められ、学校インターンシップ（学校体験活動）を大学の判断によって事項に加えることが可能になった。

　上記の改正に従って、教育職員免許法施行規則では、幼稚園教諭（第二条）、小学校教諭（第三条）、中学校教諭（第四条）、高等学校教諭（第五条）、養護教諭（第九条）、栄養教諭（第十条）の普通免許状の授与を受けるための、教科及び教職に関する科目の単位の修得方法が規定され、施行規則上の五つの科目に含めることが必要な事項が明記され、専修免許状、一種免許状、二種免許状それぞれの必要単位数が示された。表1-2は中学校及び高等学校教諭の普通免許状の授与に必要な単位の修得方法を示したものである。表1-2で示した科目のほか、第六十六条の六には文部科学省令で定める科目の単位として、「日本国憲法」「体育」「外国語コミュニケーション」「情報機器の操作」をそれぞれ2単位ずつ履修することが規定されている。また、1998年4月から小・中学校の教諭の普通免許状を取得する要件として「介護等の体験」も設定されている。

　各科目に含めることが必要な事項におけるもっとも大きな変更は、幼稚園、小学校、中学校、高等学校、栄養、養護教諭全てに対して1単位以上を必修とする「特別の支援を必要とする幼児、児童及び生徒に対する理解」に関する科目の開設と、小学校、中学校、高等学校では単独の科目として、また栄養、養護教諭では事項として「総合的な学習の時間の指導法」の設置が義務付けられたことである。とりわけ全ての教諭の免許状に必修科目として新たに「特別支援」に関する科目が導入されたということは、全ての教諭にとってこうした知識が学校現場で教育活動を行うためには必須のものとみなされているからにほかならない。教職科目が全体としてどのような資質能力を養成するものであるのかを理解した上で、個々の科目の内容を考えていく必要がある。

　こうした教職科目全体としてどのような資質能力を育成するのかという問題は、各大学の単位を超えて全国統一の修得すべき資質能力の明文化と教職課程全体の質保証を図る動きへと展開している。2016年の改正では

第1章　現代教員養成の基盤

表1-2　中学校及び高等学校教諭の普通免許状の授与に必要な単位数

		中学校			高等学校	
	各科目に含めることが必要な事項	専修	一種	二種	専修	一種
教科及び教科の指導法に関する科目	・教科に関する専門的事項 ・各教科の指導法（情報機器及び教材の活用を含む。）	28	28	12	24	24
教育の基礎的理解に関する科目	・教育の理念並びに教育に関する歴史及び思想 ・教職の意義及び教員役割・職務内容（チーム学校運営への対応を含む。） ・教育に関する社会的、制度的又は経営的事項（学校と地域との連携及び学校安全への対応を含む） ・幼児、児童及び生徒の心身の発達及び学習の過程 ・特別の支援を必要とする幼児、児童及び生徒に対する理解 ・教育課程の意義及び編成の方法（カリキュラム・マネジメントを含む。）	10 (6)	10 (6)	6 (3)	10 (4)	10 (4)
道徳、総合的な学習の時間等の指導法及び生徒指導、教育相談等に関する科目	・総合的な学習の時間の指導法 ・特別活動の指導法 ・教育の方法及び技術（情報機器及び教材の活用含む。） ・生徒指導の理論及び方法 ・教育相談（カウンセリングに関する基礎的な知識を含む。）の理論及び方法 ・進路指導及びキャリア教育の理論及び方法	10 (6)	10 (6)	6 (4)	8 (5)	8 (5)
教育実践に関する科目	・教育実習 ・教職実践演習	5(3) 2	5(3) 2	5(3) 2	3(2) 2	3(2) 2
大学が独自に設定する科目		28	4	4	36	12

※各教科の指導法に関する科目の単位の修得方法は、受けようとする免許教科について、中学校専修・一種免許状は8単位以上、二種免許状は2単位以上を、高等学校の普通免許状は4単位以上を修得する。

※中学校音楽および美術、高等学校数学、理科、音楽、美術、工芸、書道、農業、商業、水産及び商船の各教科の普通免許状については、当分の間、各教科の指導法に関する科目及び教諭の基礎的理解に関する科目等の単位数のうち、その半数までの単位は当該免許状に係る教科に関する専門的事項に関する科目について修得することができるが、少なくとも各教科の指導法に関する科目は1単位以上、その他の科目は括弧内の数字以上の単位を修得するものとする

[出典] 教育職員免許法施行規則　第四条・第五条より作成

第Ⅰ部　現代教員養成制度における教職課程担当教員の力量形成の課題

全国共通の目標に沿った教育内容であることを示す教職課程コアカリキュラムと英語教育コアカリキュラムの作成が義務付けられた。今後、英語以外の他の教科についても順次整備される可能性もあり、この基準の統一化の動きは今後も注視する必要がある。

　教職課程コアカリキュラムでは、「教科及び教科の指導法に関する科目」以外のいわゆる「教職に関する科目」すべてについて、「全体目標」「一般目標（全体目標を内容のまとまりごとに分化させたもの）」「到達目標（学生が一般目標に到達するために達成すべき個々の規準）」が定められ、すべての到達目標が当該科目のどこの授業回で達成されるものかを示すことが求められた。こうした全国一律の目標の設定が、学校現場で次々に浮上する新たな課題に対応し、かつ高度な専門的知識と能力を備えた教員の養成の妨げとならないよう、創意工夫をこらしながら、教職課程コアカリキュラムを効果的に利用することが求められている。

　2016年の改正に伴って必要専任教員数の変更は行われなかった。したがって、いわゆる「教職に関する科目」に配置する必要専任教員数は、教職課程認定基準で定められている通りである。小学校教諭の免許の場合、定員50名未満の組織では3名以上と定められており、以後、定員が50人を超えるごとに1名ずつ増員することとなっている。中学校・高等学校教諭の免許の場合は、定員800名以下の組織で2名以上となっており、1,200名まで3名以上、それ以上の定員の場合は4名以上と決められている[3]。

　従って小さな組織であれば、「教職に関する科目」全てを最低2名で担当することもありうる。たとえば、教職科目担当教員が教育学系の科目担当者1名、心理学系の科目担当者1名だけであった場合、自分の専門以外の教育学系の教職科目を複数、担当しなければならない。課程認定で適格者と判断されるため、あるいは実際に授業を担当するためには、幅広く、深い専門的知識と業績が必要となる。とりわけ教職科目担当教員の課程認定の厳格化が進められている状況の中で、個々の科目に対して担当するに

---

[3] いずれもうち1名は教授であることが定められている。

ふさわしい業績を積み重ねることが求められている。そのため、教職課程担当教員を目指すものには、自らの考える「望ましい教師像」を明確化し、自身の専門領域の深い見識だけではなく、教育全体および教員養成に関する現代的・社会的な課題と歴史的経緯や展開について常に学ぼうとする姿勢が不可欠である。

3　教職課程の今後の行方と課題

　これまで述べてきたように、「望ましい教師像」は、課程認定を受けた大学が教師を目指す学生たちに示すべき目標であると同時に、個々の学生自身が大学での学びを通して目指すべき姿として形成するものである。その一方で、国家によって教育制度が整えられている日本の場合、国家もまた自国の将来を担う子ども達を教育する「望ましい教師像」を模索し、提言している。2012 年 8 月に出された中央教育審議会教員の資質能力向上特別部会の答申、「教職生活の全体を通じた教員の資質能力の総合的な向上方策について」において、これからの教員に求められる資質能力が提言された。この答申によれば、2006 年の学校教育法改正で規定された新しい学力観を育成するための「新しい学び」を支える「学び続ける教師像」を「望ましい教師像」として確立することが重要だとされ、これからの日本社会の中で、「教職に対する責任感、探求力、教職生活全体を通じて学び続ける力」「専門職としての高度な知識・技能」「総合的な人間力」を持つ教師が必要である、とされた。その当面の改善方策として、課程認定大学が教育委員会・学校との連携共同をこれまで以上に深め、改革に積極的に取り組むことが求められた。

　具体的には修士レベル化に向け、「学び続ける教員像」を確立するため、教育委員会と大学が連携・協働して高度な研修を行う体制を整えつつ、修士課程等の改革を推進する仕組みを整えることが提言された。しかしながら河野が整理したように、この答申が出された 4 ヶ月後、教員養成の修士レベル化を推し進めていた民主党が惨敗し、政権を奪回した自民党が示した新たな教員養成構想では、修士レベル化ではなく、「大学・大学

院卒業後、準免許を付与し、インターンを経て、採用側と本人が適性を判断し、インターン終了後、認定の上、本免許状を付与して正式採用する『教師インターン制度』」を導入する方向になっている（岡本 2014、pp.102-103）。

　今後の教員養成が、一部の諸外国ですでに行われているような修士レベル化の方向に向かうのか、それともインターン制を組み込んだものになるのかは未だ不透明ではあるが、しかしながらいずれにせよ、教員養成を行う教職課程が新たな改革の最前線に立っていることは間違いないだろう。教員養成を目的とする大学・学部だけではなく、一般大学・学部も含めて、課程認定大学が、こうした国家の示す「望ましい教師像」を踏まえつつ、これからの日本社会に必要な教師像を目標として設定し、これに基づいた教職課程を設置・運営していくことが重要である。教職課程担当教員は、自らの大学が示した教師像を理解し、他の担当教員と共有しながら、これから教師になる学生たちに何を教えるべきか、何を考えさせるべきなのかに基づいて自らが担当する科目の内容・方法を定め、日々の実践の中で振り返りながら「反省的に」改善していかなければならない。

　教職科目担当教員を目指す者には、（場合によっては幅広い領域の）担当科目に対する最新の深い知見だけではなく、教員養成に関する歴史的経緯や現代的な課題に加えて、教師に関する国際的、国内的な現状と課題についても関心を向けて問い続ける、高い研究力を持った「教育の専門家」であることが求められている。

（三時　眞貴子）

第2章　教職科目の授業論

第1節　大学の授業改革と大学教授学の課題
　　　　―講義の演習化、演習の講義化―

　大学は歴史的には、第一義的に教育機関（Lehreinrichtung：教授施設）である（Wolter 2003、S.115.）。大学の授業を問題にする場合、伝統的にはフンボルトとともに近代大学の理念で語り継がれる「研究と教育の統一（Einheit von Forschung und Lehre）」をふまえた授業のあり方として問われてきた（Klingberg 1982、S.219）。大学の大衆化以来、伝統的な大学教育のあり方が問われ、授業改善が求められている。しかし、改善の方向を探るには、少なくとも近代の大学の伝統や源流をふまえておくことが重要ではないか。大学教育の基本である講義のあり方を、西田幾多郎をめぐる授業の問題として、少し考えてみたい。

　　回顧すれば、私の生涯はきわめて簡単なものであった。その前半は黒
　　板を前にして坐した。その後半は黒板を後にして立った。黒板に向
　　かって一回転をなしたと云えば、それで私の伝記は尽きるのである。
　　（西田 1966、p.166）

　この言葉に触発されて「西田の伝記を書くのではなく、西田の生涯に触れて、人間として生きるということがどういうことなのかを省察したいという趣旨」で副題「人間の生涯ということ」をつけた書物には、「西田と弟子たち」の関係について「思想ということだけなら本を読めばいいわけ

ですが、それを人間のこととして考える場合には、思想プラスアルファがなければ思想もほんとうに伝わっていかない」（上田1995、p.144）と述べられている。その視点から、西田の講義がどのような「プラスアルファ」を弟子たちに感じさせたのかについて、たとえば三木清の「西田先生のことども」から次のような箇所が引用されている。

> 入学してから外国に留学するまでの五年間、先生の講義には休まないで出席した。……教壇をあちこち歩きながらぽつりぽつりと話された。……時には話がとだえて黙って考え込まれる。そうかと思うと急に思索が軌道に乗ったかのように、せきこんで話される。……二時間の講義であったが「今日は疲れているからこれでよす」といって、一時間ばかりでしまわれることもあった。きっと先生は前夜おそくまで勉強されていたのだな、と私たちはすぐに感じることができたからである（上田1995、p.146）。

ここに描かれる西田の講義風景は、今日の大学のFDや授業評価の視点からみればどのように映るであろうか。しかし、ここに述べられている西田の講義が学生に与えた影響は、講義の内容を越えて、講義を準備する西田の学問への姿勢や生き方そのものであったのだろうと推測される。「思想プラスアルファがなければ思想もほんとうに伝わっていかない」ということは、その対象が哲学のことだけではなく、「それを人間のこととして考える」必要のある教職科目においてもあてはまるのではないか。教員養成が大学という教育機関で担われている意味をふまえるためにも、大学教育の源流に立ち返りながら授業改善に取り組むことが求められている。

授業改善のヒントを、西田幾多郎の門弟の一人であり、1929年より広島文理科大学で哲学の教鞭を執り、1933年に京都帝国大学の教育学教授法講座の担当予定者として招請された木村素衞の1936（昭和11）年10月5日の日記の次のような記述から考えたい。

第 2 章　教職科目の授業論

今日から私は本年度の講義を初める。一学期以来カントの Pädagogik を講読していたが、今日から一時間を読みに、他の一時間を講義にした。一時から三時まで。「人文主義と文化主義」と云う題。（木村 1966、p.206）

　２時間の講義時間の半分を「講読」に、もう半分を「講義」に割り振っている。カントの教育学を原著で読む「外書講読」の時間は、今日では教育学における「演習」科目で行われる。木村の広島文理科大時代に、恩師である西田が広島を訪れ広島高等学校の講堂（現在の広島大学附属中・高等学校にある歴史的建造物の講堂）をはじめ、いくつかの場所で講演を行っている広島滞在期間中の 1931（昭和 6）年の 6 月 5 日の日記には、「朝カントの演習の準備、十一時半頃先生を訪ねた。」で始まり「私は三時からカント演習を五時過ぎまでやった。先生は気軽に心の休養をされたことと思う。」（木村 1966、p.150）で結ばれている。京都でも読み続けることになるカント演習を 2 時間行っている。

　1940 年に文学博士の学位を授与され、京都帝国大学の教授になる以前の助教授時代にあっては、概論的な「講義」一般ではなく、「特殊講義」（「特講」）や「演習」を担うことが大学での役割だったのだと推測される。こうした職階による講義や演習の分担は、戦後の新制大学や大学院に引き継がれていた。一般に「概論」や「原論」は入門的で一般的な内容を扱うのに対して、「特講」や「演習」は専門的で特殊な内容を扱うというイメージである。しかし、その担当者となると、「特講」や「演習（実習）」は若い講師や助教授でも可能だが、「概論」や「原論」はその道の大家である教授でなければならないという不文律のようなものが大学に機能していた。したがって戦後の新制大学での教職科目の中心的役割を果たしていた「教育原理」ないしは「教育原論」の講義については教授が担当する慣わしだった。しかし、いまや教職科目数も増え各講義内容に相応しい業績内容があるかどうかで課程認定を受けることになるので、第一義的に職階が前面に出ることはない。

第Ⅰ部　現代教員養成制度における教職課程担当教員の力量形成の課題

　教職関連科目は、「講義」を中心として提供される従来の科目に、「教職実践演習」の導入により「演習」指定の科目、そして教育実習の「実習」科目から構成されている。教育実習についても「事前・事後指導」を大学で行うようになってからは、厳密な意味での「実習」というより、講義的な部分と実習的な部分で構成されている。また、講義の中で「事例研究」的な活動を組織すれば、演習的性格を帯びるし、「マイクロティーチング」等を取り入れれば「実習」的な時間配分も必要になる。教職科目の改善に取り組むことが、講義の演習化や演習の講義化をすすめることになってきた。教職科目に限らず、FD等による大学授業の改善志向の影響で、大学教育におけるカリキュラム上の「講義」「演習」「実験・実習」という区分については、それ自体の意味を問い直すところに来ているに違いない（浅野2009、p.155）。

　教職科目に限らず、教育学に関する外国語文献を講読する「演習」科目においては、「翻訳」作業を学生が分担し、それを報告し、それを教員が吟味するというスタイルで進行することが多い。その場合も、教員は「翻訳」のための背後にある教育学的な知識や知見を「講義」する必要に迫られることになる。そうなると、「外書講読演習」が１ページも進むことなく終わった例もなくはない。分量的に多く進まなくとも、そうした対応をとることによって「外書講読」の時間は、教育学的知見に関わる深い学びの場となる。ましてや「アクティブ・ラーニング（能動的学修）」（細尾2014、p.414）がいわれることで「講義」科目といえども、教育的手法としてのアクティビティをとりいれることが多くなろう。講義の演習化と演習の講義化が進行する中で、あらためて大学授業のあり方そのものが問い直されている。

（深澤　広明）

第2節　教職科目の授業づくりをめぐる論点の整理
　　　――「教育学研究」と「教員養成」のあいだ――

1　教職科目の位置づけ

　教職科目の位置づけを考える上で、以下の二つの基本的な論点を押さえておく必要がある。

　第一に、教職科目だけでなく、教職課程における科目、さらには大学で行われる全ての授業科目についてあてはまることであるが、これらは常に、大学における「研究」と「教育」の両立あるいは矛盾、という問題構造に規定されている、という点である。

　「研究」からの要請に基づくならば、大学教員が行うべきものは〈講義〉であり、その中で大学教員は知識を提供することを主要な目的として考える。そしてその知識をどのように身につけるかというプロセスは、学生に委ねられる。この場合、大学教員には専ら、自らが提供する知識内容の水準を質保証することが求められるのであり、それを学生が獲得していくプロセスを教員は意識しない。また、実際にそれらをどの程度身につけたかという結果の質保証も教員は重視しない。このように、学生の自主性、自己責任を前提とした大学教育観に基づく要請が一方には存在してきた。

　他方、「教育」からの要請に基づくならば、大学教員が行うべきものは（一方向的な知識の伝達とは異なるという意味での）〈授業〉であり、大学教員には、提供する知識内容水準の質保証だけでなく、提供した知識を学生が獲得していくプロセスや、その知識を実際に学生がどの程度身につけたかという結果の質保証に対して、鋭敏な意識をもつことが求められる。つまり、学生の自主性・自己責任よりも、学生の確実な能力向上を重視し・保証するという大学教育観に基づく要請がもう一方に存在するのである。

　このような対立する二つの大学教育観という構図については、すでに少なからず議論が提示されてきた。それらの議論では、高等教育の大衆化に

ともない、「研究」を基盤とした前者の大学教育観が次第に現状に適合しないものとなり、「教育」を重視する後者の大学教育観が重要性を増すようになったことが指摘されてきた（たとえば、浅野（1983）、山内（2002）など）。大学教育において、講義形式へのアンチテーゼとしての「アクティブ・ラーニング」が（実際にはさまざまな問題を生じさせつつ）重視されるようになってきたことも（松下 2015、pp.1-6）、このような大学教育観の変化を如実に反映したものである。「教職科目」の講義／授業のあり方をめぐる議論も、大局的にはまずこの問題構造にある程度規定されていることを再確認しておきたい。

　第二に注目すべきは、教職課程に関連する科目、特に教職科目が有する固有の位置づけについての論点である。戦後日本の教員養成は、大学の学問研究を基盤に据えるという理念の下に展開してきた。その中で現行の教職科目には、一方では「教育学研究」という学問としての観点からの要請、他方では「教員養成」という実践者・実務者育成の観点からの要請に応えることが求められている。教職科目は、「教育」という同一領域の知識に対する、異なった二つの向き合い方に同時に応えることが特に求められる科目となっているのである。

　これに関連して横須賀薫は、戦後における教員養成においては従来「学問研究」が主であり、そこから派生する（副次的な）機能として「教員養成」を捉える視線が強かった、と指摘している（横須賀 2002、pp.212-219）。彼の指摘は主に教科教育を念頭に置いたものであり、ここでの「学問研究」も、主に教育学研究以外の学問領域と「教員養成」との関係を想定したものとなっている。とはいえ、「教育学研究」と「教員養成」の関係においても、横須賀の指摘はある程度当てはまるように思われる。たとえば、「教職実践演習」（「教育職員免許法施行規則」の改正に伴い、2010年度以降入学の教職課程履修学生から必修）のような、実践的指導力が重視される近年の教員養成制度改革の動向については、大学で従来教えられてきた教育学的知識には「欠落」している「何者か」、実践につながる「何者か」への期待が、そのような動向の背景に存在しているとする指摘もある（油

布 2013、p.80)。つまり、「教育学研究」に依拠して展開されてきた教職科目のあり方が必ずしも「教員養成」からの要請を満たせていない（と関係者が少なからず感じている）、という構造がこの例からもうかがえるのである。

　以上をふまえれば、「教育学研究」と「教員養成」の関係をめぐる問題は、第一の観点の中でふれた、〈講義〉かそれとも〈授業〉か、といった教育方法上の論点のみに関わるものには限られないといえよう。近年においては、教職課程を履修する学生が獲得すべきものとして、知識だけでなく、教育に関わる実践者としての態度や姿勢がより重視されるようになってきている。この「態度や姿勢」の問題が特に教育内容と強く結びついてくるのが、教職科目の特徴でもある。教職科目では、教育に関する歴史、思想、制度などが、学問の対象として客観的に扱われる。またそれと同時に、これらの理解を通した、学校教員としての態度形成も求められている。しかし、たとえば教育思想史上のある理念について、それを客観的に理解する（あるいは批判的に捉える）ことと、それをもとに学校教員としての態度を形成していくことは、必ずしも同一のプロセスではない。この異なるプロセスをいかに両立させていくかが、特に教職科目に求められる点である。

2　教職科目における「教育学研究」と「教員養成」

　「教育学研究」に基づく要請と「教員養成」に基づく要請をいかに両立させるかという問題は、実際に教職科目を担当する大学教員の立場において、最も具体的な形で現れる。それにもかかわらずこの問題についてはこれまで必ずしも十分には議論されず、大学教員が個別に、しばしば職人芸的に対応してきたものでもあった。

　この二つの要請をめぐる問題の具体的な現れ方としては、大きく分けて二つのパターンがあると考えられる。

　第一のパターンは、前項で述べた教育に関する知識をめぐる「教育学研究」と「教員養成」との立ち位置の違いを、直接に反映したものである。

第Ⅰ部　現代教員養成制度における教職課程担当教員の力量形成の課題

　教職科目を担当する大学教員は、基本的にアカデミズムの中で養成され、教育に関する知識の妥当性を批判的態度によって検討する姿勢を身につけるように、長期にわたってトレーニングを受けてきている。他方で、教職科目においては、まず教育に関する基本的知識の獲得、また学校教員としての基本的態度の形成に資することが前提となる。この二つを授業内で両立させることは、必ずしも容易ではない。たとえば、授業の中で扱うある内容に関して、教育学研究によって得られた知見と、教育政策の観点から見て「正統」であり、現場の教員が依って立つべきとされる知識・イデオロギーとが葛藤を引き起こしている場合、両者をどのように一つの授業の中で扱うかは、担当教員にとって看過できない課題の一つとなる（尾川・森下 2012）。

　第二のパターンは、上述の「教員養成」の質保証の問題とも関連するが、大学教員が専門とする研究領域と教職科目で教える教育内容とが実際にはかけ離れている、というケースである。これは特に、教育学部をもたず教職課程のみ設置している私立大学の場合に典型的に見られる。このような大学では、教育学研究の中での専門領域の分化はあまり考慮されず（または考慮する余地がなく）、教育学を専門とする少数の教員が多数の教職科目を教えたり、自身の研究領域との関連が希薄な教職科目を担当したりすることが少なくない（卜部 2015、p.28）。たとえば、ほとんど歴史研究に縁のない教育学研究者が「教育史」を担当する、社会教育・生涯学習を専門とする研究者が「教職概論」を担当する、といったケースが挙げられる。特に、規模の小さい大学になるほど限られた教員数で教職課程を運営せざるを得ない実態にあり、この傾向が強くなる。また、教育学各専門領域における研究者養成の規模と、実際の大学教員需要の状況とが必ずしも対応していないことも、この第二のパターンを生み出すもう一つの背景として考えられよう。

　このような「教育学研究」と「教員養成」の両立をめぐる課題に対して、大学教員が実際にどのように対応するかは、当事者の経歴や置かれた文脈によっても大きく異なってくる。たとえば大学教員の専門領域と担当

科目とがあまりにもかけ離れている場合、ひとまず自身の「教育学研究」とは切り離して、その科目に即して「教員養成」のための教育を担う、という対応戦略を取ることが多くなるだろう。しかし、教育学を専門とする大学教員としてのアイデンティティという点から考えれば、「教育学研究」と「教員養成」を平然と切り離して捉えるということもある意味困難なことである。そうであるならばむしろ、「教育学研究」と「教員養成」との矛盾や、大学教員の専門領域と実際の担当科目との不一致を、単に「困難」として捉えるだけでなく、「教育学研究」「教員養成」双方を活性化させる契機として捉える視点が改めて必要となってくるだろう。

　第一に、「教育学研究」と「教員養成」の間の相違を多層的に捉える視点である。たとえば、研究上の知見と教育政策によって正統化された知識・イデオロギーとの葛藤、という上述の例に即してみよう。教職科目の教科書の記述（＝「正統」とされる知識、語られ方）が大学教員の研究的立場と違っていた場合、その立場の相違を近視眼的に捉えてしまうと、「教員養成」に徹するか、または、オーソライズされた教科書を批判するか、という単なる二者択一の問題に陥らざるを得ない。しかし、「私とその教科書とでは、なぜ捉え方が違うのか」「教科書に書かれている内容は、なぜオーソライズされているのか」「別の第三の視点が存在するのではないか」といったように、相違そのものをより多層的に捉える視点に立つことによって、教職科目の内容を教える際の豊かな資源として活用することが可能となるだろう。

　第二に、自身の「教育学研究」の取り組みから得た知見を「教員養成」に生かすだけではなく、逆に、「教員養成」の経験から得た発想を「教育学研究」に生かす（中居・境 2013、p.14）、という視点も重要であると考えられる。これは、大学教員の研究領域と担当する科目とが近接する場合のみには必ずしも限らない。たとえば、社会教育の研究者が学級活動に関する内容を教職科目で扱う場合、「社会教育の視点」をこれらの授業内容に持ち込むだけでなく、学級活動に関する従来の議論の蓄積やその背景が、社会教育に関する学習論や歴史研究とも通じていることに改めて着目

し、研究の新たな着想を得る、というケースなどが挙げられる。もちろん、常にそのような着想が得られるわけではないし、大学教員の研究内容と担当科目との組み合わせによってその可能性は大きく変わる。ではあるが、自らの研究に柔軟な視点を取り入れるという意味で、必ずしも専門と重ならない教職科目の教育経験が重要な契機になるということを見逃してはならないだろう。

　第三としては、このような「教育学研究」と「教員養成」の二つの要請を両立させようとする上で、個々の回の授業の構造を見るだけでなく、授業計画全体（たとえば全15回分）の構造をどう活用するかという視点も重要となる。

　たとえば、「学級活動の指導において実際の場で求められることは○○である」という視点と、「学校教育において前提とされる学級というしくみそのものが、○○という問題を引き起こしている」という視点の両方を一回の授業で扱い、二つの要請の両立を図るという形が一方では存在する。他方で、ある回では実践的な知識としての側面を、他の回ではその知識の前提を批判的に検討する側面をそれぞれ強調した形での授業を展開し、15回分全体で二つの要請の両立を試みるという方法も考えられる。他にもさまざまな方法が考えられるが、重要なことは、「教育学研究」と「教員養成」の二つの要請の両立を必ずしも一回の授業だけで完結させる必要はなく、複数回の授業をとおして、または15回の授業全体をとおしてその両立を図る、といったように、授業の時間軸を柔軟に捉える視点である。

　以上、本節では大学教育、教職課程における教職科目の固有の位置づけを確認した上で、教職科目を担当する教員が、「教育学研究」と「教員養成」の両立をめぐってどのような課題を抱えているかについて、またその課題を乗り越えていく上でどのような視点が重要となるかについて、論点整理を行った。

　現在の大学組織や教員養成制度を前提とする限り、教職科目における上述のような葛藤を根本的に解決するということは困難であろう。大学で教

職科目を教えるということ、さらには大学での学問に根ざした教員養成という理念自体が、そもそもこのような矛盾を内在させたものである。むしろ、そのような根本的な矛盾の存在を理解しつつ向き合おうとする姿勢こそが、教職科目を担当する教員において求められるものではないだろうか。

【付記】
　本節の執筆に際しては、2016年度までの「大学教授学講究」を受講した大学院生諸氏の発表と、それを基にした議論やレポート、報告書等から、非常に多くの示唆を得た。この場を借りて、大学院生諸氏に感謝の意を表したい。

（久井　英輔）

第3章　実践的力量の形成と評価

第1節　教職科目の授業実践と授業改善

1　大学授業の実践的力量の形成と向上のプロセス

　本章では、教職課程担当教員に求められる大学授業の実践的力量の形成と向上のプロセスについて論じる。

　多くの大学院博士課程学生は、ティーチング・アシスタント（以下、TA）業務や非常勤講師としての授業担当などにより、多かれ少なかれ大学における授業経験、教育経験を蓄積する機会を有している。これらの経験によって、授業に関する実践的力量は意識的であれ無意識的であれ高まるだろうと考えられている。授業を担当したことがないよりは、担当経験があるほうが、実践的力量は高いはずだという、当然かつ素朴な認識である。実際、大学教員の採用選考において、教育経験の有無は小さくないアドバンテージとして作用するし、選考する側にとって着目すべき項目であるに違いない。

　しかし、それら非常勤講師経験など教育経験の有無は、彼／彼女が行う大学授業の質や授業理念の程度を直接に保証するわけではない。つまり、教育経験を"どのように"積んできたのかという点を無視しては、彼／彼女の実践的力量がどの程度豊かに形成されてきたかは不明であるといわざるを得ない。

　したがって、教職課程担当教員を目指すにあたっては、大学授業をめぐる実践的力量を"どのように"形成してきたのかが、重要になる。それでは、具体的にどのようなことに取り組めば、「先生の先生になる」ための

豊かな力量形成のプロセスを経験することができるだろうか。

そこで本節では、教職Pで開講されている「教職授業プラクティカム」という授業科目を手掛かりとして考えてみたい。教職課程担当教員に求められる質の高い授業実践・授業改善や授業理念の深まりを、"どのように"実現していくのか。「教職授業プラクティカム」の取組は、その実現方策を検討するうえで重要な示唆を与えてくれるだろう。

以上のようなねらいのもとで、本節では、当該科目開講の背景と構造について述べた上で、「教職授業プラクティカム」における実践的力量形成の特徴と課題について述べていきたい。

2　教職授業プラクティカム実施の背景

大学院博士課程は、従来、専ら研究者の養成を主眼としており、教育系分野についていえば、教育学研究者の力量形成には熱心であっても、教育学関連科目の担当教員としての人材育成の視点は議論されてこなかった。大学教員の養成、いわば"先生の先生になる"ための養成的な機能は、極めて不十分であった。

現在、わが国では学力低下やいじめ等、教育への危惧の念が高まり、資質の高い学校教員の養成が求められている。併せて教員養成大学・学部等において「先生の先生」として教鞭をとる教職課程担当教員の責任や役割は大きく、その資質向上もまた極めて重要であるといえよう。

広島大学大学院教育学研究科は、これまでわが国の教員養成に大きな貢献をしてきた。同研究科細則第2条には、博士課程後期教育学習科学専攻の人材養成に関する目的・その他の教育研究上の目的が、以下のように規定されている。

> 学習の価値や原理、人間の個性や特性とその形成のメカニズム、教育の理念や価値、歴史、政策、システム等に関する深い知識を有し、一人ひとりの人間が、幼児から高齢者に至る生涯を通じて自己実現していく生涯学習社会を形成し、支えるために、教育学、心理学、教科教

育学等が有機的に統合された教育学習科学を構築するとともに、その理論的・学際的・開発的・先端的な研究・教育を推進し、実践する人材を育成する。また、教育関連諸科学それぞれの専門領域における高度な研究能力と他領域に関する深い学識を備え、具体的な諸課題の把握能力に優れ、かつ必要な人材を組織してそれらの課題の解決に取り組むことのできる研究者を育成することを目的とする。

　上記の規定を受けて、同研究科博士課程後期教育人間科学専攻（以下、専攻）では、同研究科細則第6条に基づき、当該専攻を構成する教育学分野、心理学分野、高等教育学分野の3分野ごとにそれぞれ「講究」及び「特別研究」の授業科目を開設し、最低10単位の単位取得を義務づけている。これらの授業科目は各分野の下位専門領域ごとに設けられており、教育学分野に限っても、教育哲学、日本東洋教育史、西洋教育史、教育方法学、教育社会学、社会教育学、教育行財政学、比較国際教育学、教育経営学、幼児教育学といった具体的な専門領域の「講究」と「特別研究」が用意されている。
　本専攻では、分野ごとの専門性を担保しつつも、それぞれの分野において単一の細目専門領域に偏重した知識や技能ではなく、むしろ各分野内における総合的・学際的な知識と技能を修得し、教職関連科目担当教員としての力量形成に資するような教育課程が用意されている。これまで本専攻では、それを養成プログラムとして設定していたわけではなかったが、それにも関わらずこれまで多くの修了生が全国各地の大学の教職課程担当教員として就職しているという実績がある。それは教育・研究体制の中に無意図的に用意されるも、教育指導を受ける本専攻修了生の多くが個人的に意識して授業を受けてきたからであろう。本プログラム、とりわけその中核をなす「教職授業プラクティカム」は実践的力量の形成のための教職授業を実践する上で必要不可欠であるが、これを開講するために土壌はすでに用意されていたのである。
　このように教職授業プラクティカムは、従来の研究者養成中心「Ph.D

型」の博士課程教育の中に、教職課程担当教員として、授業実践にウェイトを置いた教員の資質能力を向上させる「Ed.D型」の教育課程の編成においては、主要な部分をなすものである。

3　2つの教職授業プラクティカム

　広島大学大学院教育学研究科の場合、博士課程後期院生が課程を終えて就職する際、研究者を養成することを主たる目的とする研究系の大学よりも、教員養成系の大学への就職となる場合が少なくない。そのため、教職Pにおける教職授業プラクティカムは、教職課程担当教員としての実践的力量の形成を目指している。この目的を達成するために、プログラムでは（1）学内プラクティカム、（2）学外プラクティカム、という2つの実践が連続して経験できるように構成されている。

　学内プラクティカムとは、履習生が、「TA指導教員」並びに広島大学の「授業提供・協力」教員の指導のもとに、シラバスに即して授業の指導案を作成し、実際にTAとして授業を行うというものである。実施した授業は、VTR等に録画し、授業終了時に、受講した学部学生に対して、授業アンケートを実施する。その後、事後検討会を開催し、授業を行ったTAは、授業を参観した教員や履習生等から授業批評を受ける。それらを経た後に、授業者は、授業アンケートの分析結果や反省会での検討結果を踏まえ、授業に対する反省も加えて「教育実習レポート」を作成する。

　学内プラクティカムを経験した履習生は、広島大学以外の教員養成系大学・学部の授業でプラクティカムを行うことになっている。これが、学外プラクティカムである。教員養成系大学・学部に通う学生の現状を広く知るとともに、そうした学生の実態やニーズに応じた指導力を身につけることをねらいとしている。

4　事前検討会と事後検討会

　学内・学外のプラクティカムそれぞれにおいて、授業担当者は該当科目・授業時間内における指導案を作成する。事前検討会では、対象科目・

第Ⅰ部　現代教員養成制度における教職課程担当教員の力量形成の課題

学生・授業内容及び授業担当者の教育目標といった授業の背景を洞察しつつ、指導案の内容を検討することになる。指導案の検討を通して、履習生は様々な状況に即した授業構成が必要であることに気付くことができる。指導案作成では、各自の経験や授業づくりの知見を総動員して、多角的に授業構成に検討を加え、よりよい授業づくりを模索する手がかりとなる。これを受けて指導案検討会では、授業者に加えて他の教職Ｐメンバーも関わることで、個々に有していた従来の授業観や知識観に大幅な転換を迫る契機となる。

　事後検討会では、授業後に対象学生が記入した感想カードの内容を踏まえて、授業担当者、観察者が授業に省察を加えていく。授業実践者は、率直な感想や反省点を検討会に提供する。観察者も授業に関して率直な意見を述べる。観察者は、事前検討会で検討された観点や学生の実態を複合的に捉え、授業実践者とともに授業に考察を加えていくという役割がある。事後検討会を通して、授業実践者と観察者の授業観がさらに作用し合い、各自の授業観が再構成される。

　教職授業プラクティカムでは、授業者とメンター教員だけではなく、博士課程後期院生１年生までも含めて、教職Ｐの構成員全員が授業内容及び学生の実態を共有しながら「授業研究」に参画する。すなわち、指導案の立案・改善、授業実践、事後検討までを含めて、授業の計画段階・実践場面・評価ミーティングの一連を相互に公開し合う。全員がこのようなプロセスを協働することにより、実践的な力量形成を目指すという授業研究の方法がとられている点で特徴的である。

　こうした授業研究において、普遍的な「よい授業」をイメージすることは難しい。授業者の授業観は、学内・学外プラクティカムを通じ更新され、授業方法は一定の「マニュアル」として示し得ないという感想を生じさせるかもしれない。しかし教職授業プラクティカムでは、授業改善について同僚と協働的・多角的に熟考していくプロセスを通して、状況に合わせて柔軟に授業を構成し実践していく力量を獲得していくこともねらいとなっているのである。

5 教職授業プラクティカムを通じて大学院生は"どのように"学ぶのか

　以上の教職授業プラクティカムについて、第7章では実際の院生の学習過程が詳細に記述され、院生自身らの自己省察までもが開示されている。プラクティカムを通じて大学院生はどのような学びを経験し、どのように教職課程担当教員としての力量を形成しているのか、その具体的な様相を追体験してみたいという読者にとって必読の章であろう。

　さらに、第9章第2節では、教職授業プラクティカムの取組を他大学大学院で行われている大学教員養成の取組と比較しながら、プラクティカムの特質と意義、課題を考察している。教職課程担当教員養成のプロセスや教職課程担当教員による授業改善が、大学教員養成一般あるいはFD一般との比較においていかなる特質を有する営みなのかを理解しておくことは、教職課程担当教員として職能の自己開発を構想するうえで必須であろう。

　そうした力量形成や教育改善を構想するためには、現在までの自身の授業実践や教育活動をいかに評価し、省察していくかが鍵となる。そこで次節では、教職課程担当教員に求められる評価と省察のあり方について議論していく。

（七木田　敦）

第2節　教職課程担当教員としての省察

1　評価ツール・省察ツールとしての「ポートフォリオ」

　本節では、教職課程担当教員としての力量を継続的に向上させるために重要な省察のあり方について論じる（日々の授業改善のための省察については、第7章を参照のこと）。その際に手掛かりとするのが、昨今の学校現場でも導入が推進されており、また教職課程においても作成が義務づけられるようになった「ポートフォリオ」である。

　本節を読み進めるにあたり注意すべきは、ポートフォリオ作成は基本的に評価を前提とした営みである、ということである。しかしそれは、評価

のための評価ではない。ポートフォリオの作成過程と評価過程を通じて、ポートフォリオ作成者の省察を促すと同時に、授業改善をはじめとする今後の教育改善に関する方針を明確化させることが重要なのである。

　以下、ポートフォリオに関する理論的な理解をふまえたうえで、教職課程担当教員としての学びや経験を評価・省察する「教職教育ポートフォリオ」の具体的な運用について、教職Ｐの取組を事例に論じる。

1）ポートフォリオ評価の動向

　ポートフォリオ評価は、1998（平成10）年の学習指導要領改訂で総合的な学習の時間が導入されたのを契機に初等・中等教育で広く実践されるようになった（寺西2004、遠藤2014）。ポートフォリオという言葉は、イタリア語のportafoglioに由来するもので、もともとは書類を入れて運ぶケースを指していた。学校教育におけるポートフォリオは、学習者自身の学びの足跡・軌跡を残すため、学習過程で生み出される作品や記録を系統的に蓄積・整理してファイルやフォルダにしていく。学習者はこのプロセスにおいて自分自身の学習を振り返り、自己評価し、成長することが期待される。たとえば、総合学習では、探求過程で生み出された作品や記録をポートフォリオとして蓄積していき、学習者はそれらを振り返りながら自身の探求がどの程度進展したのか、また自己がどのように成長しているのかを確認し、新たな学習活動の指針となる基準を見つけだしていく。このように、ポートフォリオは従来のペーパーテストでは把握ができなかった学習プロセスや個人の成長を多面的・多角的に評価するのに適している。

　教育現場におけるポートフォリオの活用は、高等教育においても徐々に広がりを見せている。2008年の中央教育審議会答申「学士課程教育の構築に向けて」において、学生が自らの学習成果の達成状況を整理・点検するとともに、これを大学が活用し、多面的に評価する仕組み（いわゆる学習ポートフォリオ）を導入することが求められた。本答申では、学習ポートフォリオを「学生が、学習過程ならびに各種の学習成果（例えば、学習目標・学習計画表とチェックシート、課題達成のために収集した資料や遂行状

第3章　実践的力量の形成と評価

況、レポート、成績単位取得表など）を長期にわたって収集したもの」と定義し、「それらを必要に応じて系統的に選択し、学習過程を含めて到達度を評価し、次に取り組むべき課題をみつけてステップアップを図っていくことを目的とする。」と述べられている。近年は「学習」の代わりに「学修」という用語を用いて「学修ポートフォリオ」と呼称されることもある。文部科学省の調査によれば、全学的な履修指導・学修支援制度として学修ポートフォリオを導入している大学は 2012 年度には 174 校（22.7%）であったが、2014 年度には 214 校（28.0%）に拡大している（文部科学省 2016、p. iv）。

2）学修ポートフォリオとティーチング・ポートフォリオ

　教職 P は「先生の先生」になることを目的としたプログラムである。近い将来、大学教員として実践の場で活躍できる力量形成を行い、教育現場に送り出すことを目的としているのである。そのため、受講者は本プログラムの受講を通じて、大学教員としての教育理念や授業理念を構築し、実際の授業でそれを実践できる基盤を形成することが期待される。その点からみれば、本プログラムで作成するポートフォリオは大学院生の学修ポートフォリオに留まらず、ティーチング・ポートフォリオの要素を含んだものとなる。中央教育審議会答申「学士課程教育の構築に向けて」では、ティーチング・ポートフォリオを「大学等の教員が自分の授業や指導において投じた教育努力の少なくとも一部を、目に見える形で自分及び第三者に伝えるために効率的・効果的に記録に残そうとする『教育業績ファイル』、もしくはそれを作成するにおいての技術や概念及び、場合によっては運動を意味している。」と定義されている。そして、ティーチング・ポートフォリオの導入により、①将来の授業の向上と改善、②証拠の提示による教育活動の正当な評価、③優れた熱心な指導の共有等の効果が認められる、と述べられている。文部科学省の調査では、大学全体でティーチング・ポートフォリオを導入している大学数は 2014 年度には 170 校（22.3%）であった（文部科学省 2016、p.46）。

第Ⅰ部　現代教員養成制度における教職課程担当教員の力量形成の課題

　学修ポートフォリオが単なる学習ファイルとは異なるのと同様に、ティーチング・ポートフォリオも単なる教育業績の羅列ではなく、授業や学生指導などの教育活動全般についての資料や記録を系統的に蓄積・整理することで、自身の教育活動を省察し、大学教員として成長することが期待される。ティーチング・ポートフォリオは、もともとはカナダでティーチング・ドシエー（Teaching Dossier）として生まれたと言われ、後に米国でも広まり、カナダ・米国の 2,000 以上のカレッジや大学で使用されている（セルディン訳書 2007、土持 2009）。米国のティーチング・ポートフォリオの権威であるピーター・セルディンによれば、教育活動を改善する目的のティーチング・ポートフォリオは一般に、1）教育の責任、2）教育の理念、3）教育の目的、戦略、方法論、4）教育素材（シラバス、配布資料、課題）の説明、5）授業を改善する努力、6）診断的な質問に対する学生の評価、7）学生の学習状況を示す根拠、8）短期および長期の教育目標、9）添付資料、を含んだものとなる。セルディンは、ティーチング・ポートフォリオを構成する文章や資料を作るプロセスそのものが、自分の教育活動についてじっくり考え、優先順位を整理し、教育の戦略を再考し、将来の計画を練るきっかけとなると指摘している。

2　教職Ｐにおける「教職教育ポートフォリオ」の運用
1）「教職教育ポートフォリオ」の位置づけ

　「教職教育ポートフォリオ」は、教職Ｐの最終学期（第 6 セメスター）に履修する科目として設定されている。すなわち、講義と演習から成る「教員養成学講究」（第 1 セメスター）及び「大学教授学講究」（第 2 セメスター）、そして実習と省察から成る「教職授業プラクティカムⅠ・Ⅱ・Ⅲ」（第 3・4・5 セメスター）を終えた後の総仕上げ科目として位置づけられている。

　履修生は、3 年間のプログラム課程を通して獲得した学習成果をポートフォリオにまとめ、これを提出する。本科目に合格することにより、課程修了が認定される。つまり、「教職教育ポートフォリオ」は科目名である

とともに、プログラムの評価材として提出される成果物のことでもある。

2）教職教育ポートフォリオの編成内容

提出される教職教育ポートフォリオの編成内容は、概ね次の三つのスレッドから成る。編成内容の詳細は、本科目担当教員と履修生との協議により決めることとしており、年度により、また個々人により若干異なる。

〈スレッド１：授業理念と自己評価〉

まず、授業理念として、「教職に関わる担当授業を通して、どのような教師を育てたいか」を言明する。そして、そのためにどのような工夫をシラバス、授業案、実際の授業や評価法に取り入れたいと考えているのかを述べる。この点で教職教育ポートフォリオはティーチング・ポートフォリオの性格をもつものである。また、そうした考えを持つに至った経緯を、プログラム内外の学習機会に言及しながら説明する。この点で教職教育ポートフォリオは学修ポートフォリオの性格をもつ。タイトルとしては、「授業理念」の代わりに「授業哲学」や「教育哲学」という言葉を使う履修生もいる。そして、授業理念が３年間の本プログラム課程における学習とどのように関わっているのかを説明して、自らの成長について自己評価する。その際、以下の二つのセクションに収録された資料等に言及する。

分量としては、過去に提出されたもののなかには、A4サイズで１頁のものもあれば、４頁のものもある。

〈スレッド２：講究やプラクティカムにおいて自ら作成した成果物の抜粋を収録〉

プラクティカムで担当した授業ごとに、①指導案、②教材ないし配付資料（パワーポイントスライドも含む）、③事前および事後検討会の要約、④他者評価（学生、指導教員、メンター教員による評価）等を収録する。授業の写真や映像があれば添付する。配布資料等の収録は、評価を受けるうえで必要となるものに留める。

〈スレッド3：その他の成果物を収録〉
　上記のセクションに収めることができなかった資料等のうち、本プログラム課程による学習成果の評価を受けるうえで考慮されるべきものがあれば、ここに収録する。
　本プログラムでは、同様のプログラムを実践している他大学の視察や、共同研究を推奨している。共同研究の成果は学会で発表されたり、論文化されて公表されている。それら正規プログラム外の成果は、このスレッドに収録する。

　教職教育ポートフォリオはあくまで評価材であり、評価者の負担を考えても、評価を受けるべき成果物の量は最少に留めるべきである。三年間の成果物は膨大な量になり、それらをすべて収録するファイリングが求められているわけではない。スレッド1で述べられた授業理念と自己評価の根拠となる資料を最小限に掲載する。

3）教職教育ポートフォリオの作成過程と評価手順
　評価者は、ポートフォリオを受け取った後に受講者と面談し、改善点等を指摘するとともに、評価に関して共通理解に達するまで受講者と話し合う。具体的には、次の①〜③の手順で進める。

①オリエンテーション
　第6セメスターの比較的早い時期に、教職教育ポートフォリオのまとめ方や評価基準について履修生に説明する。最終セメスターの履修生のみならず、来年度、あるいは再来年度に教職教育ポートフォリオを提出予定の履修生にも出席するよう勧めている。
　この段階では、履修生からあまり多くの質問は出てこない。教職教育ポートフォリオをまだ作り始めておらず、具体的な作業が理解できていないことが多い。また、2年半の履修経験の記憶はあっても、深い省察には至っていない。過去に提出された教職教育ポートフォリオを複数示して、

具体的なイメージをもってくれるように努めている。それらを参考にしながらオリジナルのポートフォリオを作成するよう促す。

②スレッド1の読み合わせ
　提出締切までに2ヶ月ないし1ヶ月半程度を残した頃から、教員と履修生との数回の読み合わせ会合を持つ。履修生の「授業理念と自己評価」をまとめたスレッド1の原稿を持ち寄り、履修生と教員で読み合わせてブラッシュアップを図る。こうした会合を数回設ける。

③暫定版の確認
　提出締切の約1週間前に最終会合をもち、スレッド1のみならずスレッド2・3も加えた教職教育ポートフォリオの暫定版を持ち寄り、完成に向けた検討を行う。

　教職教育ポートフォリオも、学修ポートフォリオとして評価の対象となる成果物である。しかし、それが成果物であること以上に、その作成のプロセスが重要である。履修者は、ポートフォリオを作成する過程において、これまでの学習内容を確認し、省察と新たな発見が促されることになる。また、履修者と評価者が、提出されたポートフォリオの評価をめぐり共通理解に達するまで話し合うことにも、大きな意義がある。評価をめぐる交渉のプロセスを経ることによって最終評価の客観性が増すとともに、履修者にとっても評価者にとっても新たな発見が促されるからである。
　教職課程担当教員としての能力のすべてが「教職教育ポートフォリオ」によって評価可能となるわけではない。そもそも教員の能力のすべてをリストアップすること自体が不可能であろう。ポートフォリオ評価は、そのメリットと限界を踏まえた運用により学習効果の非常に高い評価法となる。
　教職教育ポートフォリオの作成にあたりまとめられた授業理念は、公募人事に応募する際にたいへん役立つようである。教育活動への抱負を提出

するよう求められる場合、スレッド1を書き替えることで対応できる。また、面接の際も自信をもって自らの教育経験について語ることができる。

3　省察における同僚との相互作用の重要性

　「教職教育ポートフォリオ」を本節冒頭で示したポートフォリオ評価の動向に位置づけるならば、教職Pの学習過程で作成したレポート、学習指導案、授業記録、教職授業プラクティカムの授業評価アンケート、教職授業プラクティカムの事前・事後指導の記録など、様々な学習成果物を蓄積・整理し、それを省察しながら自己の成長と新たな活動の指針を見つけ出していくという点で、初等・中等教育において取り組まれているポートフォリオ評価と軌を一にしていると言えよう。

　と同時に、教職Pの「教職教育ポートフォリオ」は、大学院教育課程における学修ポートフォリオにティーチング・ポートフォリオの要素が加わった総合的なポートフォリオと位置付けることができる。しかしながら、教壇での授業実践の少ない履習生にとっては、このようなポートフォリオを作成することは非常に難しい。そこで重要となるのが、ポートフォリオの作成は一人で行うのではなく、履習生本人とプログラム担当教員との数度にわたる面談の中で完成されていくという点である。この面談では、教員は大学院生の気づきを促すための質問や助言を行い、対話を通して気づきを促していく。履習生はこの過程において自身の3年間の学びを振り返り、省察するとともに、将来どのような大学教員になっていきたいのかを深く考えることになる。このような、ポートフォリオ作成における面談をセルディン（訳書2007）は「メンタリング」と呼び、非常に重視している。

　なお、ポートフォリオは大学教員になった後も、内容を継続的に更新していくことが望ましい。忙しい日々の中、一旦立ち止まって自身の教育実践を整理・省察することは、大学教員として一歩成長する絶好の機会になるだろう。その整理・省察は、もちろん教員個人で行うことも可能であるが、ポートフォリオ作成過程における面談やメンタリング、すなわち同僚

教員とのフォーマルおよびインフォーマルな相互作用が有意義である可能性、さらにはそのような相互作用の生じやすい教員同士の関係構築が有意義である可能性を、本節の最後に強調しておきたい。

（丸山　恭司・吉田　香奈）

第Ⅱ部
教職課程担当教員としての初期キャリア形成にみる
「教員養成を担う」課題

第4章　若手教員として大学の教壇に立つ

第1節　「先生の先生になる」途上での振り返り

1　大学院生から大学教員へ―筆者の略歴―

　大学教員としてのライフストーリーを描き出すにあたり、まず簡単に筆者の経歴に触れておきたい。筆者は、広島大学教育学部を卒業した後、同大学大学院にて博士課程前期および後期を修了し、半年間ほど同じく広島大学において助教として勤務し、2012年10月より山口大学教育学部にて講師として勤務している。こうした経歴からも見て取られるように、筆者は基本的にこれまで地方の国立大学教育学部しか経験したことがない人間である。

　筆者の専攻分野は教育方法学、教授学であり、授業づくりやカリキュラム編成、教員養成といったテーマを取り扱う分野である。筆者自身の大学院時代の研究テーマは教授思想史であり、コメニウスやヘルバルト、ヘルバルト派といった思想家たちの文献を講読し、研究することが中心であったが、それでもなお教師論、高等教育論、授業論といったテーマについても少なからず触れざるを得ない機会はあった。また、所属していた研究室の特性として、授業研究という形で学校現場へフィールドワークに行く機会にも恵まれていた。この点で、研究分野との関わりから「教える」「教師になる」ということについては学術的な知識も習得しやすく、また自分の研究分野との関わりを意識しやすい環境にあったと言えよう。

　しかし実際には、学生・院生時代、さほど自らが大学教員になることを強く意識してはいなかったように思う。というのは、学生・院生時代の関

第4章　若手教員として大学の教壇に立つ

心は基本的に研究活動に向けられており、自分の目指すものを「大学教員」ではなく「研究者」という名称で語っていたように思い出されるからである。それゆえ、授業論や教師論の文献を読んだり、学校現場で行われている教育実践を分析したりすることはあっても、自らが「教える」「教師になる」という役割に立つことはほとんどなかった。院生時代に非常勤講師を行うこともなかった筆者にとって、教壇に立つという実体験は、学部四年生で行った広島大学附属学校における教育実習以降、山口大学着任まで数えるほどである。その「数えるほど」にあたるのが、本書で紹介されている教職Ｐでの学内外プラクティカム（教壇実習）である。こうした状況を考えるとプラクティカムは貴重な経験だったのであろうが、実際のところ、元々人前に立つこと自体苦手とする筆者にとっては当時「しんどい」「辛い」イベントのように感じられていたのをよく覚えている。ゼミでの研究レジュメを落としたことはなかったように思うが、プラクティカムでは授業日当日の朝に指導教員に「できない」と泣きついた始末であったし、実施したプラクティカムも（今思えば）ひどい出来であった。こうした極めてわずかな経験を携えた状態で着任した山口大学で筆者に課された「大学教員」という仕事は非常に大きな挑戦であった。ここでは本章のタイトル「若手教員として大学の教壇に立つ」に即して、大学における授業づくりに関わることを中心にこれまでの筆者の歩みを振り返ってみたい。

２　「もっと楽しい話が聞きたいです」―大学教員として最初の半年―

　大学教員となった際に直面した最大の困難はやはり授業であった。10月1日に辞令を受けとり、研究室を得た感慨に浸る間もなく翌日から担当する授業が開始した。10月着任によってなにか特別な困難を被ったという意識はさほど無いが、やはり4月着任と比べてすでに動いているシステムの中に突如放り込まれたような困惑を感じていたような気がする。
　さて、大学教員となって最初に受け持った主要な授業は、大学院科目の「教育方法学特論」と教職科目の「特別活動」であった。前者に関しては

受講者3名、しかも学習意欲の高い大学院生たちであり、これまで自分が日常的に経験してきた大学院のゼミと近い形でさほど大きな心理的な負担は感じられなかった。また、11月には学部生のゼミ生3名を担当することとなるが、こちらも研究指導が主眼のため、それまで研究を第一に考えてきた自分にとっては悩ましくも楽しい時間であった。授業運営自体は拙いものであったが、受講生と意思疎通しながら適宜修正・変更しつつ授業づくりに臨むことができた。

それに対して、非常に難しかったのは後者である。当時の「特別活動」の講義は、多種多様な学科で構成される教育学部生220名超を一まとめに教える大規模な授業であった。加えて、それまでの自分の研究テーマから見ると、特別活動という領域は決して専門的な分野ではなかったからである。この時期は、関連するテキストを集め概観しつつ、授業資料とパワーポイント資料を作成することに一週間のほとんどを費やしていた。プログラム履修時から引き続き、授業の度に指導案を作成して授業に臨んでいたが、その指導案はほとんど授業の台本のようなものであり、授業自体もそれを読み上げるような形の講義形式となっていた。

ただし、当時も今も筆者にとって講義形式の授業というものは巷で問題になるほど悪いものだと認識されていなかった。そもそも広島大学時代の記憶を辿れば、自分が経験した大学の講義の多くはトーク&チョーク型のものであり、それに対して否定的な感情をもっていなかったからである。それどころか、講義形式こそが大学教育の基本的な形であり、あるべき授業の姿であるという素朴な認識をも持ち合わせていた。"Teachers teach as they were taught" という言葉を耳にするが、まさに自ら経験してきた大学教育観に基づき大学教育を実践しようとしていた時期であった。

さて、それではその授業はいかなるものであったかと言えば、「惨憺たるものだった」と自己評価せざるを得ないだろう。多くの真面目な学生はそれなりに耳を傾けていてくれたし、授業妨害が起きるようなこともなかったが、学生の反応は芳しいものではなかったという記憶が残っている。こうした記憶を生み出すことに起因した二つの学生からのコメントが

第4章　若手教員として大学の教壇に立つ

ある。一つは、ある学生から直接的に言われた「特別活動の授業のわりに"活動"がない」という発言であり、もう一つは、毎回の授業終了時に課しているコメントシートに書かれた「もっと楽しい話が聞きたいです」というコメントである。これらの学生のコメントが果たして受講生全体の総意を代表しているものかどうかは定かではないが、このことが授業への悩みと授業改善の必要性を筆者に強く認識させていくことになったことは事実である。しばらくはコメントを読むことに怯えつつも、発問、書く活動の導入、ディスカッションなど様々な方法を模索していくこととなる。

　このような壁に直面した筆者がとった手立ては、基本的には色々な人に相談することであった。大学院時代からの友人や先輩と電話で話し、授業のアイデアやツールを収集することに加えて、山口大学教育学部の先生の講義をいくつか参観させて頂いた。こうした活動により授業の実際が劇的に変化したという事はないが、授業の悩みや課題を聞き取ってもらい、共有することは当時教壇に立ち続けるために大きな助けとなっていた。

　このように振り返ってみるならば、山口大学への着任後のしばらくは、大学院時代に持っていたナイーブな大学（教育）観、授業観と現実の齟齬に直面し、自らの価値観がゆらぐ期間であったように思われる。10月着任のおかげで大学業務に関する仕事はかなり免除されていた状況にあり、周りと比べればはるかに時間的余裕を持っていたはずであるが、毎週の2～3個の授業づくりによって常に多忙感と焦燥感を持っていたことをよく覚えている。それ故に、当然ながら自らの研究活動に割く精神的余裕はほとんどなかった。「研究者」でありたいと考えつつも、実際のエフォートのほとんどは授業に向けられており、「大学教員」という仕事のあり方について葛藤しながら考えさせられていくこととなった。

3　授業づくりにおける視点の移動―大学教員半年以降―

　とにもかくにも着任後の半年を終えて、4月より大学教員としての第二学期目が始まった。新年度を迎え、それまで免除されていたいくつかの業務を担当することもあったが、やはり大学教員としての仕事の中心は授業

にあった。

　前年度の反省を受け、授業のあり方には諸々手をいれた。相変わらず基本は講義形式であったが、ポートフォリオ型コメントシートの導入、授業開始時のコメント返し、マイク回しによる発言の要求、実践記録に基づく書く活動やディスカッションの実施など現在行っている基本的な授業の形はこの時期に始めたものがほとんどである。「コメント返しが眠い」といった意見も受けつつも、「名前が出ると嬉しい」「スタンプやアンダーラインは達成感につながる」といった肯定的なフィードバックも多少受けるようになり、「何を教えるか」だけでなく学生からの目線を意識しながら授業づくりにようやく取り組み始めていた。

　とはいえ、この時期を思い起こせば、このような授業改善についてじっくりと考えているような暇は当時なかった。最初の半年に比べ、オムニバスの科目も含めると担当する授業は三倍近く増えるとともに、学外の非常勤講師の仕事も引き受けるようになったことで授業負担が激増していたからである。その内容も、相変わらずの220名を超える受講生の教職科目に加え、小規模な演習科目、大学院科目、共通教育（教養）科目、学生・院生のゼミなど多岐にわたっており、最初の半期のように特定の授業の準備に専念するわけにはいかなくなったわけである。指導案という名の授業台本にしがみつくことは少なくなってきたにせよ、ほとんどの授業のために、授業内容に関する基本的な勉強、指導案づくり、授業資料づくり、パワーポイントづくりを並行して実施していたので、当時のことを思い出しても「追われていた」という記憶で埋め尽くされている。平日に勤務校の授業づくりを準備しつつ、週末の土日に非常勤用の授業をつくるというライフスタイルをとっていた。勤務校の授業に関する心理的負担もさほど変わることなく悩みの種であり続けた。

　それに対して、学外での非常勤講師の仕事は一つの転機となったように思われる。この時期に担当した非常勤講師は、他大学の講義ではなく、看護教員養成講習会の講師であった。成人学習者を対象としたこの講義では、適切な教室規模、規律の高さ、話し合いへの参加の活発さを背景とし

て、準備しておいた授業の仕掛けが上手く機能することが多かった。勤務校での授業の不振（と感じている状況）と照らし合わせながら、非常勤の授業を癒しの場と感じることも多かった。こうした安心感からかワークショップやケーススタディといったこれまで自身の中であまり評価してこなかった様々な手法を実験的に試みることができた。もちろんその全てが上手くいったわけではなかったにせよ、学習者の反応を得ながら様々な試みに挑戦することで、自身の授業観を相対的に見ることができるようになっていったように思う。

4　大学教員としての今とこれから

　大学教員となっておよそ6年が経過したが、いまだに授業や学生指導は最大の悩みの種であることは変わらない。（自分自身そのような自覚は無いのであるが）学生や同僚から「授業に向かう時の顔が辛そう」と指摘されることがままあるような状況である。それでも、就職当初に比べれば授業や学生指導への負担感は減り、実際にかける時間や労力も抑えることができるようになってきた。就職後、多くの人から「3年経つと楽になる」という助言を頂いたが、その言葉の意味を実感することも多い。ただし、こうした変化は「大学教員としての育ち」と呼びうるものであるかどうかは定かではない。主観的には随分落ち着いて授業や大学業務、学生指導に臨むことができるようになったと思っているが、例えば授業評価アンケートの数値は就職当初からほとんど変化の無いままであり、ただ慣れによって鈍感になってきているだけではないかと思うこともある。

　大学院生時代に思い描いていた状況から見ると、日々の業務の多忙を言い訳にしながら研究活動が遠のいている自分に悩む部分もある。学会発表や論文執筆を行っていても、大学院時代のように腰を据えて大きなテーマに取り組むことがなくなった。ともすれば、参加している研究会や共同研究との関わりの中でのみ研究活動を行っている状況にある。

　また、教職課程担当教員という観点から自分を見た時、教員採用試験に対する意識の弱さに気づかされることも増えてきた。自らの授業の中で教

員採用試験について触れることはほとんど無く、実際のところその必要性も強く感じていないが、他方で現在の勤務状況の中でそのような役割が求められることも少なからずある。教員として求められる能力や目指すべき教員像については考えることはあっても、その実際的な入口となる教員採用試験の実際についてはいかに無関心であったかを様々な業務を経験する中で感じてきた。教員採用試験の対策にどれだけ大学教員が関与すべきかは勿論議論の残るところであろうが、現在の地方国立大学の置かれた状況を見れば全くの無関心でいることはできないだろう。

　今回、ライフストーリーを描くことで改めて今自分は大学教員たりえているのか、「先生の先生になる」ことができているのかを問う契機となったが、その問いに自信をもって肯定的に回答をすることは難しく、そのためには更なる時間を必要としそうである。ただ少なくとも、これまでの歩みを振り返ってみれば、常に自分の改善の試みは（勤務校に限らず）学生からの反応に応えようとすることに方向づけられていたように思われる。結局のところ、学生や院生がいて初めて大学教員は大学教員たりえるのであり、理念的・原理的な思考に陥りやすい筆者の場合、彼らと真面目につきあっていくところに大学教員としての育ちの契機があるのかもしれない。

　このように考えた時に、果たして教職課程担当教員養成プログラムでの学びは有益だったのかという問いは難しいものとなる。率直に言えば、プログラムで学んだことの中で現在"直接的に役立っている"と感じるものはほとんど無い。プラクティカムや講究は確かに大学教員としての仕事を意識する上では非常に良い機会ではあったが、実際に勤務してみればわずかな期間の内にそれ以上の経験が待っているし、早い段階から意識したとしても業績主義の最中にある現在の大学院生にその準備のための時間的・精神的余裕がどれほどあるのかも疑問が残る。ただ、"間接的"には現在にも引き継がれているものもあるのだろう。研究室の壁を越えて（教員も交えて）異年齢で組織されたプログラムの活動で出来た関係性は自らの大学（教育）観を相対化し、再考する契機を与えてくれたし、就職後の悩み

相談の相手となることもあった。プログラム終了時のポートフォリオで書いた授業哲学は幾分楽観主義的に見えるが、(置かれている現実と葛藤しつつも)現在もさほど変わっていないように思われる。

本稿では授業の問題について中心的に記述したが、学生との距離感、学生の生活指導、授業以外の教員採用試験対策、FDへの参加など教職課程を担当する大学教員としての悩みは尽きることはない。ひとまずは笑顔で講義室に向かうことができるようになることを目標に悩み続けていきたいと思う。

(熊井　将太)

第2節　「先生」を目指す学生とともに育つ「先生の先生」

1　プラクティカムの実施と私立大学への着任

「学生の前に立っていない」

最後のプラクティカムを終了した後にある教員から言われた言葉だ。言われた瞬間、私にはその意味がわからなかった。物理的には私は学生の前に立っていたからだ。その後、私の講義を受けた学生のコメントをもとに教員と話をしていく中で、「学生の前に立っていない＝学生に向き合っていない」という意味だと理解した。しかし、では学生に向き合うとはどういうことなのか、それはわからなかった。この出来事も含め、私は教職Pでプラクティカムを実施し、「自分は講義ができるのだろうか」という大きな不安を感じた。今思い返せば、この不安自体が無意味である。「できる・できない」ではなく「やるしかない」のだ。

博士課程後期を単位取得退学後、1年間助教を勤め、私立大学に着任した。私が着任すると同時に新設された学部であったため、在学生はおらず、着任直後の入学式で初めて学生と出会った。入学式終了後に行なわれた学部別の説明会で、新入生が私たち教員の自己紹介を緊張した面持ちで聞いている姿を見て、背筋が伸びると共に、圧倒されたのを覚えている。今日からは「学生に向き合っていない」自分ではいけないと思い、自己紹

介の最後には「4年間、みなさんときちんと向き合っていきたい」と伝えた。「先生の先生」としての決意表明であった。

　私の担当する講義は年間10科目で、大学の初年次教育にあたる「学びのベーシック（1）」（1年次生前期）、「学びのベーシック（2）」（1年次生後期）、教職に関する科目の「教職入門」（1年次生後期）、実習科目の「初等教育実習Ⅰ」（3年次生前・後期）、「初等教育実習Ⅱ」（3・4年次生前・後期）、実習にかかわる科目の「初等教育実習事前事後指導」（3年次生前・後期）、自分が専攻する教育経営学の専門科目である「学校経営論」（3年次生後期）、卒業論文執筆にかかわる「特別研究Ⅰ（3年次生前・後期）」、「特別研究Ⅱ（4年次生前・後期）」、他学科の学生を対象とした「教育概論」（1年次生後期）である。1年目の担当は、1年次生対象の4科目、そのうち前期の講義は1科目という、私立大学の教員としては圧倒的に担当講義数が少ない中、私の「先生の先生」としての生活がスタートした。

2　「先生の先生」としての講義
1）学生を「主体」として立ち上げる

　1年目の前期の「学びのベーシック（1）」は、複数担任制で実施する科目であった。共に担当をする先生は、大学での非常勤講師を長年勤めており、その指導の根幹にあるのは「学生を主体として立ち上げる」ことであった。一緒に講義を考えることは、その先生に学ばせてもらう機会だと思い、先生がどういう意図で教材を選び、学生へどう接して声掛けをしているか、意識をもって臨んだ。

　一度、講義を考えている際、私の意見に対して「その方法でやれば私たちは楽だけれど、学生の主体が育たないと思う」と言われたことがある。そう言われ、学生の主体云々以前の問題で、自分の都合のほうを考えていたことに気づいた。それ以降、まずは「学生にとってどうか」を自分で考えること、継続してその先生の「学生を主体として立ち上げる」指導から学ぶことを心掛けている。

2）これだけは伝えなければならないことはあるのだけど…

　1年目の後期、オムニバスで実施する「教職入門」は、主に「幼稚園教諭・小学校教諭の仕事をする上で必要な考え方」について担当した。自分が学生時代に受けた講義を基礎としながら、前期の講義での学生の様子を踏まえ、学生が具体をイメージできるように映像を活用すること、そして「これだけは伝えなければならないもの」を厳選してシンプルに説明ができるようにすることを大切にして講義の内容を考えている。厳選・シンプルを心がけるようになったのは、ある失敗からである。一度、学生のほとんどが終始「ぽかん」とした顔のまま1コマ分の講義を終えてしまったのだ。序盤から学生の様子には気付いていた。ただ、そこから軌道修正ができる術がなかったので、話し続けるしかなかった。「これではだめだ」と思い、何が問題であったのかを考え、内容を詰め込みすぎたことがひとつの要因であると捉えた。「これを伝えたい、これも伝えたい」と、まとまりがなくなっていた。それ以降は、他の講義でも、厳選・シンプルを心掛けている。

　「教職入門」では、教員採用試験に出題されており、講義内容にも関係する法律を、「覚えておきたい法律」としてプリントを作成し、学生に配布している。教師の仕事は法律に基づいて行なわれるということを理解してもらうと共に、一度は覚えたという事実が、少しでも教員採用試験の勉強に役立つかもしれないと思い、始めたことである。学校教育法第一条から始まる基本的な法律ばかりではあるが、1年生からすると「法律」というだけで、とっつきにくいらしい。期末試験は、そのプリントからも出題するのだが、そうアナウンスをすると「やばい」と毎年（大袈裟に）騒がれる。学生の「やばい」が何を指すのか明確にはわからないが、「難しい」「こんなの覚えられない」などがそれにあたるのだろう。「（学生）法律は全部書くんですか？」「（私）穴埋めにします。教員採用試験はそうなので」「（学生）どこが抜かれるかは教えてもらえませんか？」「（私）教えられません」「（学生）え、じゃあ結局丸暗記ってことですか？」「（私）お〜、そうしておくと法律の部分は完璧ですね」「（学生）え〜やば〜い」と

いったやりとりを、毎年している。

　同じ時期に、同じ大学のリハビリテーション学科における「教育概論」という講義を担当した。理学療法士・作業療法士を目指す１年生に対し、一般教養科目として開講している講義である。「教職入門」を構想する際には「これだけは伝えなければならないもの」があったが、「教育概論」にはそれがなかった。「これだけは伝えなければならないもの」は、専門科目の講義で教わるだろうからだ。では私はリハビリテーション学科の学生に対して何ができるのだろうか。考えても答えは出ず、だいたいの方向性だけは決めて、内容については履修する学生から話を聞いてみてから確定しようと決めた。そこで、オリエンテーションでは、どういうことに興味があってこの講義を履修したのかを聞いた。さらに、看護学生対象の講義をされている先生方からヒントをいただき、「理学療法士・作業療法士が行なう教育」について、学生の議論を組み込んで考えることを中核として講義を考えた。期末試験後に講義の印象を問うと、ある学生は「頭つかう。なぜそのように思ったのか、それはなぜ？と深いから」というコメントを書いた。このコメントをみてふと「『教職入門』を受講している学生は『深い』と感じることがあるのだろうか」と疑問に思った。確かに「教職入門」では「これだけは伝えなければならないもの」があるし、覚えてほしいこともある。しかし、それに固執するあまり、答えを探す講義のように思えてきたのである。１年目に感じた疑問は解消されないまま、２年目が過ぎた。

３）「こんな講義がしたかった」という片鱗

　３年目の後期に開講した「学校経営論」も「教職入門」と同様、自分が学生時代に受けた講義を基礎としながらも、自分が専攻する教育経営学の専門科目であるため、この大学でしかできないことをやってみたいという挑戦の気持ちで講義を考えた。講義のねらいのひとつを「学校経営に関する理論・思想を理解する」とし、学校経営の理論・思想について、学生がグループで作成したレジュメの発表および質疑応答を講義の主とした。気

がかりは、レジュメの発表担当以外の学生が文献を読み込めるかであった。レジュメの発表をただ聞くだけでは、内容を理解することはできない。そこで、「事前学習シート」を作成し、発表担当以外の学生には、文献を読んで質問をしたいと考えたことを記入し、講義までに提出をすることを求めた。そして講義の際には、事前学習シートをもとに質問をし、発表担当の学生がそれに答えるという形をとった。私は、学生の質問に対する価値づけをした上で、内容を理解するために必要な補足の質問や受け答えを行なった。

　最初の質疑応答は「これってどういう意味ですか？」「こういう意味です」であったが、講義を重ねる度に質が変わってきた。「自分が解釈した内容とレジュメの内容とは違うように思うけど、どう？ちなみに自分はこう解釈した」と一人の学生が質問をすると、他の学生が「こういう風に考えれば同じ意味だと思った。レジュメではなく文献にはこう書いてあるし…」と続いていく。実際のやりとりはもっと口語的で、何度も「え、どういうこと？」「もう一回言って」という学生の発言や、私からの補足質問が間に入るのだが、学生の考えが主導となり、講義の柱である学校経営に関する理論・思想の本質に迫っていく場面があった。ここに、「教職入門」に感じていた疑問を解消していく手がかりがあると思えた。今後、「なんてことはない、低レベル」と自分で思うかもしれないと思いながらも、しばらくはこの手がかりをもとに講義を改善していきたいと思っている。

4）「先生」を目指す学生への思い

　以上、4つの講義についてふり返ってきたが、プラクティカムと現在の講義とでは自分の感覚が全く異なる。プラクティカムでは、目の前にいる学生のことは念頭に置かず、ひたすら自分の伝えたいことを探していた。今思えば「独りよがり」という表現がとてもしっくりくる。他方、現在の講義は、学生の未来（教員採用試験や教師になってからの人生）を念頭に置いた上で、目の前にいる学生に講義で何を伝えなければならないかを考え

ている。

　私にとって、この感覚は、「先生の先生」としての講義を行なう上でとても重要であった。この感覚を持つことができたのは、目の前にいる学生に「先生になってほしい」「先生になってからも成長し続けてほしい」と心から思うからだ。この思いは、学生の「先生になりたい」という思いに触れる度、強くなっている。

3　学生と向き合うスタンス

　「チューターって、どんな仕事をするの？」

　着任してすぐチューターに指名された私の疑問である。筆者の勤務校では、1・2年次のチューターは学籍番号順に振り分けられ、3・4年次のチューターは学生が自分で選んだ研究室の教員が務める。私が大学生の時もチューターの先生はいた。学部行事の企画等の際には相談をしたことを覚えていたが、私立大学に勤めた経験のある先生からは、チューターのイメージが違うかもね、と言われた。最初の疑問の答えはでないまま、担当学生の面談をすることとなった。もちろん次の疑問は「面談って、何をするの？」である。お互いの自己紹介をし、必ず確認しなければならない事の確認が終わると、学生の高校時代の話を聞き、面談は終わった。学生と話すことは全く苦ではなかったが、正直面談をする意義はわからなかった。そんな私がチューターを務めることができたのは、他のチューターの先生方と情報を共有し、連携することができたからだ。言える範囲ではあるが、それぞれの面談のやりとりをもとに、学生のことについて話をした。そのため、面談は一人で行なうが、一人だけで学生を担当しなければならないという意識は生まれなかった。面談の回数を重ねていくにつれて、自分なりに面談をする意義もみえてくるようになった。

　そのほか、チューターであるかないかは関係なく、学生を見かけたときに「いつもと違うかな」と思った際には必ず声をかけることにしている。単なる寝不足ということもあるが、そうではないときもある。そうではないとき、「私に話せないことなら話さなければいいし、話せることなら話

してみる？」というスタンスをとっている。研究室の使用についても同じである。実習のまとめやゼミのレジュメの執筆、採用試験の勉強等を「ここ（研究室）でやってもいいですか？」と研究室を訪ねてくる学生がいる。わからないことがあればすぐ聞くことができるので、楽なのだろう。会議等がなければ基本的に許可しているが、つきっきりで指導はせず、私は自分の仕事をし、質問があれば答えるだけだ。だいたい学生は学習がひと段落すると、「最近あったおもしろいこと」などを話し始めるのだが、そこから悩み相談や進路相談になる場合もある。また、特に用事はないのだが、ふらっと研究室にくる学生もいる。そうした学生に対しては「最近どんな？」と聞き様子を窺う。このスタンスの良し悪しはわからないが、自分なりの学生との向き合い方である。

4　研究者として　「先生の先生」として

　着任の際、指導教員から「研究者としての仕事を忘れないように」との言葉を頂いた。周りには、まさに研究者としての仕事をされている先生方がいた。科研費の獲得、学会発表や論文執筆、保育所や学校、地域の方々との共同研究などの仕事を勢力的に、大学の業務と並行して行われている。こうした先生方と共に働けているということは、間違いなく私の置かれた環境の価値である。これまで、辛くも最低でも年に一度は学会発表をし、その発表を論文として執筆してきたが、この環境でなければ、その実現も難しかったかもしれない。

　着任してすぐにわかったことは、研究室にいても研究はできないということだ。新設された学部であるため、学部の運営等に関する書類作成（とそれに伴う打ち合わせ）にとにかく時間を費やし、研究室にいると何かしらの用事が生じ動き、研究室に戻ると次の用事が生じ動き、合間に学生が訪問し、の繰り返しであった。それゆえ、自分の研究に関わる仕事にあてられるのは、平日の夜と休日であったが、学会発表前や原稿締切前はそれだけでは間に合わず、講義がない日に振替休日を申請して大学外で執筆をすることもあった。さらに、自分の専攻からすると、学校に入り、自分の

ものの見方を鍛えることが必要であった。この点は、ようやく3年目に入って、同僚の先生について学校に入らせていただくことができ始めた。

　これまでの動きは、研究者としては不十分であると言わざるを得ないだろう。学生のことや講義準備等の「先生の先生」として動いてきた時間に比べると、研究に費やす時間を十分に確保できてきたとはいえない。就職してから、大学院生時代にどれだけ時間を有効に使えていなかったか、研究だけをしていられる時間がどれだけ貴重であったかを思い知った。大学院生時代に受けた指導のひとつに、時間のルーズさがある。「いつまでに論文を書き上げる」といった類がまったくできず、幾度も幾度も指導を受けた。これは、院生の時も大きな課題であったが、就職した後、その課題の大きさを感じた。大学院生の時と比べると、今では確実に時間のルーズさはなくなり、区切りをつけて書き上げるようになった。論文が、原稿が、という間もなく、学生に関わることは時間を問わず即対応をしなければならないからである。

　研究者と「先生の先生」、私にとってはそれぞれが独立しており、モードを切り替えて挑んでいるイメージがある。ただ、共通しているのは、どちらの私もこれまで指導を受けた先生方、同僚の先生方、そして「先生」を目指す学生たちに育ててもらっているということだ。このことに、いつまでも気づいていられる自分でいたい。

（森下　真実）

第3節　「独り大学」ではたらく

1　根無し草生活から一国一城の主へ

　「何とか繋がった」という感触が得られたのは年度末も近い頃だったように思う。任期付きの仕事を転々としていた自分にとってようやく任期のない職が得られた、そういう安堵感を持ったのは。というのも、学位を取得してから4年、2年毎に引っ越す、という癖のある生活を送っていた。引っ越し癖ということで言えば、小学校の高学年の頃に知った登山家（後

第4章　若手教員として大学の教壇に立つ

に冒険家へ転向）植村直己氏の言う「根なし草」生活にあこがれて以来のことで、22年間住んだ郷里を離れて、歴史的にみると郷里と縁のある（加藤清正つながり）、ほぼ常に飛行機の便は満席に近い名古屋に移り住んで以来、名古屋からタイへ、タイから名古屋に戻り、そして広島へ、それからタイへ、と正確にではないが、学生時代はほぼ1、2年間隔で移動していた。こういう落ち着きのなさは「苦節7年」の「退院」した後も続いて、初職2年、その次も2年という「2年ジンクス」が続いていた。そのジンクスを打ち破ることになったのが、任期無しの職が得られた私立大学の全学教職課程であった。有り難いことに2年5か月務めさせてもらった。現職は2018年8月で4年を満了する。

　朝夕洗面器を手にした人が歩いている、用水路から湯気が立っている、道路から湯気が噴き出ている、年に3回も花火を見ることができる、そんな「地獄（温泉観光地）」にある私立大学の全学教職課程に着任したのはかれこれもうずいぶん昔のことのようである。その当時、自分の研究室を持って自宅の台所にまで溢れていた書籍を収めてようやく一人前の大学教員、曰く「一国一城の主」としての道を歩み始めたと感じた。ちなみに、子どもの頃の夢は、どろぼう。鼠小僧次郎吉にあこがれていた。悪徳代官から金を盗んで貧しい人々に分け与える、そこに格好良さを感じていた。学校の成績は「兵隊の行進さながら（イチ、ニ、イチ、ニ…）」で、学部の頃の成績は「可（蚊）取り線香」であった。それがどういう訳か大学の教員になってしまった。世の中、何が起こるか分からない。さて、本題に戻るとしよう。

2　「教師が一番勉強する」を実践した模倣の一年目

　1年目。全く何も分からない状況で「一国一城の主」になったという誇らしい気持ちと同時に、何をどうすれば良いのか全く分からないまま不安を抱えて過ごしていた。まずは「センセー」と呼ばれることに慣れなければならなかったし、初年度の担当科目は、教育制度論、教育原論、教育学（ある学科の専門科目でもあり教職科目でもある）、教育方法論、教育学方法

論（ある学科の専門科目でもあり教職科目でもある）、道徳教育の研究、学校教育論、教育実践Ⅰ、教育実践Ⅱ、介護等体験実習、教育実習指導、附属看護専門学校の教育学となかなか盛りだくさんであった。２年目に教職実践演習、３年目に教育職の研究が加わった。今になって思うと、教職に関する科目で担当経験がないのは、教育課程論、特別活動、生徒指導、教育心理学、各教科の指導法くらいだと思う。私の専門領域は、比較教育学、その中でもニッチなタイの教師教育で、日本の学校教育についての関心は皆無ではなかったけれど、講義ができるほど知っているわけでもなかったし、勉強したこともなかった。何を隠そう私は教育職員免許状を持っていない（笑）。当然、教職科目の講義を受けたこともなければ、教育実習に行ったこともない。そんな私が教職科目を担当できるのか、どういう講義を行えばよいのか、学部時代から座学が嫌いだったこともあって講義のイメージはゼロに近いものだった。そんな時、恩師の一言「教師が一番勉強するんだよ」を思い出した。また、職場の先輩の講義の一コマも「教えるには学ぶことが必要である」というテーマで、教えるには勉強するしかないんだなという感じであった。それに勇気づけられて、教職科目のテキストを買い漁り、貪るように読み始めた。教育とは何か、学校とは何か、教師とは何か、徳は教えられるか、そういった教育学の基礎・基本について寸暇を惜しんで勉強した。ちなみに、寸暇を惜しまなければならなかったのは、生き急いでいたわけではなく、大学の開門と閉門時間が決まっているからである。限られた時間の中で、密度の濃い生活をしていたと思う。

　初年度悩まされたことの一つは、学生の「体調不良」という言葉であった。私の学部時代も出欠の管理はある程度なされていたように記憶しているけれど、勤務先の学生の出欠管理は徹底していた。ただ「欠席届」という免罪符が教務課で配られていて、休んだ学生は度々それを持って来る。欠席の理由は、ほとんどが「体調不良」だった。最初の頃は、親身になって心配していたが、職場の先輩から、教師を目指す者として、そう簡単に休んではいけないし、遅刻などはもってのほか。そして、病院に行ったかどうか、行ったのであれば診断書なり、領収書なりを添付させること、そ

ういう確認をすること、というアドバイスをもらった。また、学生を疑うわけではないけれど、学生もこちらが（教師が）きちんとしているかを見ているのだから、と職場の先輩に教えてもらった。以後、見様見真似でそのように対応するようにした。折に触れて、職場の先輩が発する、学生に助けられている、学生に育てられる、そういう学生を大事にされている種々の言葉は、実に様々な経験に裏打ちされていてとても心強いものだった。

　働き始めて、これまで自分がもっていた大学のイメージと違うことがあり、カルチャーショックというのか、驚くようなことがいくつかあった。まずは、教職課程の会議（教職課程の教員が集まる会議と教職課程委員会の教員が集まる全学レベルの会議の２種類）などで、日常的に、個々の学生の氏名が出てくること。私の学部の頃はもちろん、大学院の頃ですら、大学の先生が学生の名前をフルネームで覚えているような場面には出くわしたことはなかったし「ちょっと、そこの君」その程度だったと思う。しかし、勤務先の先生方から出てくる、いわゆる学生の個人情報は、氏名にとどまるものではなかった。所属学部・学科、学年、出身高校、取得希望免許種、日頃の授業態度、教職への志、兄弟姉妹、家庭の事情、交友関係などなど事細かな情報が行き来していた。最初の頃は、学生の名前を覚えることにすらかなりの違和感を持っていた。物は試しというのか、ある種、競争心をあおられて、３学年およそ80名弱の教職課程履修者全員の名前や希望する免許種などを覚えるよう努めた。毎度の講義の冒頭で名前を呼び、名前を覚えることで、その学生を一人の存在として認めることになり、そこに学生との信頼関係を築く鍵があると実感できるようになったのは、教育学の基礎・基本の勉強と相まって、日々の講義の手応えとしてかえってきた時だった。教育学の古典にあるように「教師の仕事はブーメラン」。本当にそうだなと実感した。ちなみに、学生の名前を覚え始めると、学生が研究室に相談に来るようになった。相談の内容は、勉強、進路の話題だけではなく、笑い話、涙が出るような身の上話と様々だったが、そういうことを繰り返して、職場の先輩の先生方は、学生についてのあり

とあらゆる情報を把握できているのかもしれないと思った。会議の場以外にも、3学部の比較的小規模の大学だったこともあり、学内ですれ違う際、学生に声をかけたり、各学部・学科の先生方と学生について立ち話をしたり、そうした日常的な小さな行動が、学生への理解を助け、また学生の成長を支えることに繋がっていたように思う。学生のフルネームとか覚えてなんぼの世界である。

　2012年12月8日深夜、手元のメモ書きによれば、自分が担当している授業の指針のようなものができあがった。教職Pのポートフォリオに書かれている授業哲学とは比べものにならないほど拙いものであるが、多少、それを思い出しながら書いたように記憶している。就職してから見様見真似で、手を変え、品を変え、手探りで日々の授業に臨んできたが、学生に対して一貫したメッセージを発信することができていなかった。それが学生にとっても、筋が通ってないとうつっていただろうし、何より、私自身が一番しんどかった。よりどころになるような、何かがほしかった、それが降りてきたのが12月8日の深夜だった。12月8日と言えば、私が卒論で取り上げたタイの首相サリット・タナラット陸軍総司令官、中学時代に英語が好きになるきっかけとなったジョン・レノンの命日だ。また、後で知ったが、真珠湾攻撃の日でもある。とかく、そのメモが今も私の教育指針となっている。メモによれば、教職科目教授の指針は「自律（self-regulated）」とあり、養成したい教員像は「研究もできる教師」とある。建学の精神「真理はわれらを自由にする」に強く惹かれたことや、教職Pでフンボルト理念を語らっていたことの影響があるように思う。また「Learning by doing」とも記している。この「なすことによって学ぶ」という考え方は、教師と学生の双方にとってウィン・ウィンなものだと思っている。以来、私の講義は、息の長い（学生が将来教職に就いた後も折に触れて読み返すことができるような）テキストを一冊決めて、その内容について学生が教師となり講義するというスタイルをとるようになった。教師が一番勉強する。無免許だったからこそ、余計にそうだったかもしれない。

3　研究と教育の葛藤を抱えた我流の二年目

　二年目。教職Ｐのラウンドテーブルに招いた広田照幸先生（日本大学）の恩師曰く「大学教員は研究で給料をもらっているのではない、学生を教えて給料をもらっているのだから勘違いするな。でも研究はちゃんとしろ」という言葉が頭の中を駆け巡っていた。と同時に、着任当初、建学の精神「真理はわれらを自由にする」に強く惹かれたこと、また、その精神に根差した「研究もできる教師」を育てたいこと、そのためには、まずは、教師の養成に携わる教師教育者がまずもって研究できなければならない、という思いも頭の中を駆け巡っていた。教職Ｐでよく話をしていた教育と研究の関係である。というのも一年目に、まずは、足場となる教育活動、すなわち日々の講義や学生の指導について、あれこれ考えて一定の指針のようなものを持つことができたことで、二年目になると、もともとある研究者としてのアイデンティティというのか、研究したい、研究して論文を書きたいという思いが強くなってきた。しかし、現実はそう甘くなく、朝７時開門、夜８時閉門、という環境の中で、日々の講義の充実を図り、教職課程の経営を考え、学生の身の上相談にのることで一日が終わる毎日だった。フィールドが海外ということもあって、一定期間、現地調査に出かけるタイミングがどこにあるのか、それを探るために学年暦と会議の日付を記した資料とにらめっこを続けていた。夏季休業期間中は、介護等体験実習の実習先訪問があり、冬季休業期間は年末年始で、フィールドもクリスマス、新年のお祝いムードで、調査ができるという自信が持てなかった。春季休業期間中は、教員採用選考試験対策講座という独自の取組があった。全学教職課程の教員は５名。その少数精鋭で、教職課程を履修する学生に対して細やかかつ手厚い指導・支援体制が組まれていることに改めて驚き、感心した。しかし喫緊の問題は自分の研究。どうやって研究の時間を見つければいいのか見当がつかず変な焦りのようなものが積もっていった。

　わずかに隙を見出せたのは、５月の連休。そして、勤務２年目の５月の連休、念願のフィールド調査に出かけた。しかし、院生の頃のように普段

第Ⅱ部　教職課程担当教員としての初期キャリア形成にみる「教員養成を担う」課題

から調査準備が十分にできるわけではなく、また、短期間ということもあって、慌ただしい、不十分な調査しかできなかった。これは、ひとえに私の要領の悪さと力量の低さによるが、研究するのは、かなり厳しいということを改めて実感した。運よく採択された科研費も一年目に引き続き、二年目もあまり活用できないままだった。発表しない学会には参加しない、そういうポリシーをもっていたこともあって、しばらくの間、学会にも顔を出せなかったし、とかく、悶々とした日々が続いていたように記憶している。研究者をやめてしまえばいいかもしれない、ずいぶんと気が楽になるだろう。そう思うことさえあった。でも、これまで歩んできた道は、独りで歩んできたわけではなく、日本とタイの双方で、多くの先生方にお世話になった。そうして学位論文を書き上げて学位を取得したわけだし、研究をやめるには、背負っているものがあまりにも多くなっていた。研究がまったく手につかない、陰鬱な日々を過ごしていた。

　そうこうしているうちに、「教職実践演習」という教員養成の総仕上げ的な科目の実施初年度を迎えていた。職場の先輩と二人で担当させてもらい「履修カルテ」という学生のラーニング・ポートフォリオの運用に携わらせてもらった。教職実践演習の難しさは、一般によく言われるような多様な学生への対応といったようなことではなくて、全学的に、組織的に教員を養成することの難しさだった。しかし、初年度、無事に教職実践演習を終えることができたのは、教職課程の先生方、そして、3学部の先生方の理解と協力の賜物だと思っている。

　全国の私立大学の教職課程は、全国私立大学教職課程研究連絡協議会（通称　全私教協）とその地方支部、私の勤務先の場合は九州地区私立大学教職課程研究連絡協議会（通称　九教協）という組織の会員になっている。勤務先も会員大学で、その会合に参加させてもらった。その時の話題は後学期に始まる「教職実践演習」だった。会合では、他の大学の取り組みが紹介されていたが、私の勤務先の「履修カルテ」の完成度の高さに、自画自賛かもしれないが驚いた。そんな経験をして、少しずつ教職課程の実践、日本の教員養成の実践について研究したいと思うようになった。そ

して、渡りに船とはまさにことのことだと思うが、勤務先で「学内GP」という競争的資金枠が設けられ、焦眉の課題である「履修カルテ」のさらなる改良を図るべく、学内GPに申請したところ幸運にも採択された。その資金を元手に、教職課程の先生方に支えられながらオレンジ色の『教職履修カルテ』を作った。

　私は現在、国際教育協力を担う人材の育成に携わっている。研究の主たるフィールドはタイだが、勤務先がパートナーシップを構築しているザンビア、マラウイ、カンボジア、ミャンマー、ラオスといった国との関わりが増えてきている。数年前に、ザンビア大学で開催された広島大学・ザンビア大学合同研究セミナーで、この『教職履修カルテ』を紹介したところ、とても強い関心をもってもらうことができた。短期間ではあったが、日本の教師教育の最前線に携わったことは、今の仕事に活きている。

4　「何事も勉強」という恩師の言葉

　私は、2年目の年度末近くになって現職への採用が決まり教職課程を後にすることになった。今は、日本の教師を育てるというところから離れて、アジア、アフリカの学校の「先生の先生の先生」になった。今の仕事は、縁あって運営に携らせてもらうことになった教職Pのグローバル版とも言えるものと勝手に思っている。そう考えると、教職Pの教育プログラムのように、教師教育者の成長に資するポートフォリオを開発したり、日本の教師教育に携わるようなプラクティカムを組んだり、従来の修士論文、博士論文の指導といった研究活動に加えて、教育の力、実践力を育てるような教育活動を盛り込んだ魅力的なプログラムをつくりたいと思う今日この頃である。書きそびれてしまった晩夏の教員免許状更新講習での講義経験も、勤務先で編纂に携らせてもらった定期刊行物『教職への道』も「大学教員は総合職」、そして「何事も勉強」という恩師の言葉の支えがなければ途中で投げ出していたかもしれない。これらすべてが、タイムラグはあるものの、今の私の仕事につながっている。鹿島茂氏のいう「進みながら強くなる」とはこういうことかもしれない。

第Ⅱ部　教職課程担当教員としての初期キャリア形成にみる「教員養成を担う」課題

　昨今、大学改革のうねりは激しさを増しているように感じている。時には、前の勤務先に思いを馳せることがあったり、他の大学に思いを馳せたりすることもある。しかし、このご時世、大学をめぐる環境は「行くも地獄、戻るも地獄」に変わりはなく、結局、どこに居ても自分次第。ようやく最近になって、そう思えるようになった。そして、そうであるならば、どのような環境におかれようとも「学問の府」に勤務する研究者の端くれとしてのアイデンティティが揺るがないように、自らが大学としての精神を持ち続けることが大切だと思うようになった。名付けて「独り大学」。これはどこに所属していても変わらない、私の心のよりどころだ。

（牧　貴愛）

第4節　若手大学教員のライフストーリーを読む

1　若手教員が若手教員のライフストーリーを読む

　本章では、何らかのかたちで教職Pにかかわった経験のある3名の若手大学教員の物語を紹介した。3名の勤務先の特性や、教員養成への考え方、携わり方はさまざまである。それらをどう読むかは、読者の経験や専攻などに応じて多様にひらかれている。その際、3名がいずれも大学院博士課程で学んだ「研究者教員」であることに留意されたい。以下では、駆け出しの若手大学教員である筆者の視点で、3名のライフストーリーを近年の大学教育改革や教員養成政策に関連づけつつ、研究者教員として「先生の先生になる」ための、初期キャリア形成の「手がかり」を得たい。

2　授業をめぐる苦闘

　まず言及すべきは、若手大学教員はその初期キャリアにおいて、研究者としての生活と教員としての生活の調整に苦闘せざるをえず、着任当初は講義づくりに追われて研究どころではないことであろう。赴任先によっては着任直後から多くの科目を、しばしば自身の専門分野とは到底いえない科目を担当しなければならない。そのなかで研究の時間を捻出することが

難しくなるというのは、程度の差はあれ多くの若手教員が直面している。

　3名の物語によれば、講義やその準備、学生指導に時間と労力を割かざるをえない着任後の生活をなんとか支えるもののうち、勤務校の同僚教員（先輩教員）の助言や相談が意外に大きいようである。熊井は同僚に加えて大学院時代の同級生も相談相手になってくれたというが、廊下での立ち話なども含めて、学内のインフォーマルな相談機会や同僚教員の助言に筆者自身も助けられているのが正直なところである。最近は「テニュア・トラック制度」を導入して若手大学教員の職能開発に注力する大学が増えるなど、フォーマルな研修機会は量的に増加傾向にある（本節筆者の勤務校は、そうした動向を先導する位置にある）。しかし、3名も受講したであろうフォーマルな研修が彼らのキャリア形成の物語で語られることはほとんどなかった。それよりもむしろ、インフォーマルなピア・サポート機能のほうが重要な職能開発の機会として経験されているようである。もっとも、その場合には「教師が一番勉強する」という牧の経験よろしく、若手教員自身の学ぶ姿勢が不可欠であろうが。

　ところで、授業をめぐる若手教員の苦闘には、担当科目の多さに増して頭を悩ませる問題がある。学生から「もっと楽しい話が聞きたいです」といわれた熊井、「学生のほとんどが終始『ぽかん』とした顔のまま1コマ分の講義を終えてしまった」森下。授業に対する学生の芳しくない反応は、それを認めるや否や、授業者にとって大きな負荷となる。高等学校までとは違ってそうした講義が必ずしも悪いわけではなく、「学生の自主性、自己責任を前提とした大学教育観」（第2章第2節）を楯にしてもよいかもしれない。しかし他方で、教員養成における実践性への期待（中教審2015）や「アクティブ・ラーニング」の語が大学授業を席捲するようになってから、学生からの「明日使える知識」「楽しく参画できる授業」の要求は無視できないものになった。筆者自身、「学生の自主性、自己責任を前提とした大学教育観」を楯に学生からの要望をはね返すほど、自分の教育観や授業観に自信があるわけではない。加えて、学校現場とかかわる経験が少ない場合には自らの言葉で現場感覚を伝えることもままならない

ため、「学生の要求に応えられていない」ことへの自認がうながされ、授業への不安はいっそう高まるであろう。

3　学生の学びを意識する

　そうした不安を抱えつつ、それでも毎日教壇に向かうわれわれは、いったい何をもって「先生の先生」たりえるのだろうか。
　「結局のところ、学生や院生がいて初めて大学教員は大学教員たりえるのであり…彼らと真面目につきあっていくところに大学教員としての育ちの契機」があるのではないか。熊井によるこのような理念的・原理的な考察を手がかりとしたとき、「真面目につきあっていく」相手やその方法は多様であるが、森下や牧の記述にその具体的な様相を読みとることができるように思う。
　森下は、教職Ｐの「プラクティカムでは、目の前にいる学生のことは念頭に置かず、ひたすら自分の伝えたいことを探して」「独りよがり」の授業をしたが、現在は「学生の未来（採用試験や教師になってからの人生）を念頭に置いた上で、目の前にいる学生に講義で何を伝えなければならないかを考えている」という。また「教職科目教授の指針」「養成したい教師像」が「降りてきた」という牧も、彼が教職Ｐ担当助教だったころの教育経験がその土台となっていることは、彼自身が認めるところである。彼らがつかみつつある指導指針や養成したい教師像、あるいは森下の「こんな講義がしたかった」という感覚は、周到な授業準備や自身の研究にもとづく教材研究の深まりによって自ずと見出されたものではない。そうした活動を前提としつつも、より直接的には、学生との具体的な相互作用を通じて明確化・言語化されたものであったというのが精確だろう。
　学生との相互作用は、われわれが経験したことのない教員と学生の関係性を各々の勤務先で目の当たりにし、適応していくプロセスとして経験される。とくに私立大学に勤めた森下と牧の場合、「え～やば～い」という学生に合いの手を入れる、教職課程履修者の名前と顔を覚えきるといった（教員の）キャンパスライフの日常のなかで、目の前の学生の教師として

の成長を展望し、具体的な指導や支援の手立てを見出していた。そうしたプロセスを通じて、かれらは「先生の先生」であることの意味を各々の文脈に根差して学習し、体現しようとしてきた。

4 「先生の先生」としてどうありたいか
―教員養成政策に対する研究者教員の応答―

　教職課程担当教員である時点で、われわれはすでに「先生の先生」である。本章には、小難しく考えすぎている部分がないわけではない。ただし、3名の語りが、教員養成に携わる自らの意思と学生との相互作用の過程に「先生の先生」たる根拠を求めようとする、すぐれて実存的かつ関係的な営みであることを強調しておく必要があろう。「自分は大学教員たりえているのか、『先生の先生になる』ことができているのか」という熊井の自問に限らず、3名の初期キャリアをめぐる自己省察は、その字義を超えて「先生の先生」としてどうありたいか、という問いを含んでいる。

　この問いに対峙した3名が、程度の差はあれ自身の研究者としての「生 Life」の困難に言及していることに注目したい。近年の教員養成政策が教員養成カリキュラムの「矮小化」「非学問化」「規格化」（佐久間 2010）を招いた結果、研究者が教員養成を担うことの意義は揺らいでいる。2017年には「教職課程コアカリキュラム」が物議を醸したが[1]、2000年代以降の「教員養成カリキュラムの再統制化は、学問の自由や思想の自由を前提として大学が自律的に教員養成を行う裁量の幅を縮小させており、今後も一層縮小させていく可能性が高い」（佐久間 2010、p.107）と指摘されて

---

[1] 実際、文部科学省に置かれた「教職課程コアカリキュラムの在り方に関する検討会（第1回、2016年8月19日）」では、「大学の教育がコアカリキュラムを作成することによって画一化するものではなく、コアカリキュラムは質の保障と各大学の多様性を両立させるための仕組みである。各大学がカリキュラムを作るためガイドラインであって、大学の自由や学問の自由は担保されることが重要」と委員が釘を刺す場面もあった（議事要旨より）。
http://www.mext.go.jp/b_menu/shingi/chousa/shotou/126/gijiroku/1377060.htm
（2018年6月2日最終閲覧）

いる。他方で、各大学の教員採用をめぐる実績への関心は、大学淘汰の時代に生き残りをかける私立大学のみならず国立教員養成系大学・学部でも明らかに拡大してきた[2]。教職課程をめぐるこうした環境変化には、教職課程から多様性やアカデミズムを削ぎおとし、「先生の先生」の仕事から研究の必要性を奪いつつあるようにすら思える。

　しかし、だからこそ、教職課程担当教員が研究者としての矜持をもって教員養成に臨むことの重要性は、一層増しているといえる。研究者としての「生」という観点からみれば、3名は研究と教育とを統合的に実践できない悶々とした日々から初期キャリアを開始した。「真理はわれらを自由にする」という建学の精神に魅了され研究活動に勤しもうとした牧でさえ、大学の門の開閉時間から自由になることはなかった。こうした現実は、熊井のように「自分の目指すものを『大学教員』ではなく『研究者』」と考えることの多い大学院博士課程修了直後の若手教員にとって、しんどいものである。しかし、研究者としての「生」のしんどさに関するやや自虐的な3名の描写には、ひるがえって研究者として「先生の先生」であることへのこだわりを読み取ることができる。そして、しんどい現実を異化し、「先生の先生」としてどうありたいかを模索するうえで、牧の「独り大学」の精神はひとつの手がかりになるかもしれない。

　このように、3名の物語には、今日の教員養成政策の動向に対する大学教職課程の応答[3]としてきわめて重要な態度を学ぶことができるだろう。研究者としての気概と活動があってはじめて、教職科目の授業内容に研究者としての視点や教材解釈を持ち込むことができる。第1章で触れられた「大学での教員養成」原則は、そうした教員一人ひとりのキャンパスライフのもとで実質化されうるのではないだろうか。

---

[2] 熊井が感嘆しているように、多くの国立教員養成系大学・学部は、平成25年度のいわゆる「ミッションの再定義」において教員採用試験における合格者の「占有率」などの数値目標設定を要求され、その達成を意識した運営を強いられている。

[3] 教員養成政策に大学側・研究者側が応答していく必要性については、第2章第2節や尾川・森下（2012）を参照。

5 「先生の先生になる」ための「手がかり」

　本章で触れたのは主に授業と学生指導という、教職課程担当教員の仕事の一部に過ぎない。今日の大学教員には、学生相手の教育活動のみならず、学校教員向けの研修や講習など学外での社会貢献活動も期待されている、というより義務づけられている（塩津 2012）。今後、幅広い業務に携わるなかで自らが「先生の先生」たりえているかは、常に問い直されていくであろう。そうした省察のプロセスに真摯に対峙しながら、研究者としての気概と活動をその基盤に据え続けること。駆け出しの若手大学教員である筆者は、本章の3つの物語からこのような「手がかり」を得られたように思う。

（尾川　満宏）

第5章　学校現場での経験を教員養成に活かす

第1節　小学校教員から大学教員になる

1　小学校教員だった私がなぜ研究者になろうとしたか

　小学校教員になって10年目の頃だったか。当時の教頭が「ヤギちゃんは、学者だからな」と私に言った。その一言が妙に耳に残っている。彼特有の皮肉だったのか、あるいは珍しく褒めたのか。自分の学級でやってみようと目論んでいた取組を押し通そうと食い下がった時のことだったように記憶している。私のことだから、何か生意気な理屈を言ったのだろう。

　要するに、自分は小学校教員にしてはずいぶん理屈屋だったのだと思う。もちろん学者と言えるほど整然とした理論はもち合わせていなかったが、一人の実践家として生きるには事足りていると思っていた。だが、ある出来事を経て、自分の教育実践を相対化して語り切る言葉をもっていない自分の姿に気づく。そして、ついには生業を変更する選択をすることになる。

　そうした経緯を、この機会にあらためて振り返ってみたい。それは、一人の教師の育ちをトレースする行為であるわけだが、何かのかたちで教員養成という営みに関するヒントが見つかれば幸いと考えている。

1）一人の小学校教員としてどのように「実践」に向き合ってきたか

　私は新採用教師の頃から、教育実践の年間目標のようなものを毎年立てるようにしていた。もちろん、毎年順調に目標をクリアしていったわけではない。失敗したり、中途半端だったり、あるいは、意図していない別の

成果が出たりする年もあった。

　1年目は3年生担任。どうせまだ上手い授業はできないに違いないから、せめて子どもが元気に授業に参加するムーブメントを創り出したいと思った。そのために、「全員発言運動」を手始めに「学級のみんなで合意形成しながら何かに取り組む」ことを通して、関わり合って学習する集団をつくろうとした。しかし、1年目は、「集団」を意識し過ぎた。家庭の状況などの影響で心に課題を抱える子どもに対する取組が弱かったという反省が残った。

　2年目はクラス編成がそのままの状態[1]で4年生担任になった。1年目の反省を受けて、班づくり＝居場所づくりを強く意識した目標を立てた。班長会を組織して学級の（班の）中にある様々な課題（問題状況）に取り組んだ。学級を前進させる係活動をつくり出す取組にも力を入れた。しかし、一人の子が入学時から抱えていた「いじめ」の問題が一進一退の状態で、それが課題として残ったままだった。

　3年目は、児童会の指導担当にしてくれと校長に頼んだ。2年目の学級で育ってきたリーダー達に背中を押されたような感覚があったと思う。どういうことかというと、前年に班を中心とした活動が展開された過程で、現状の学校の状況（ルールや空間的な限界）に阻まれて、何度か活動を断念した経験があったのだ。その度に、4年生のリーダーたちは悔しがり、学校全体に働きかけて変えていきたいという願いを度々口にしていたのである。そこで5年生担任となった3年目は、これまでの学級集団づくりをバネにして、学校集団づくりに力を入れる1年間にしたかった。一番力を

---

[1] 編成し直すことなしに学級の子どもと教師が一緒に進級するケースは、いわゆる「持ち上がり」と呼ばれることがある。今ではこういうケースは少ないようだ。学級内の子ども同士、親同士、教師と親の関係がぎくしゃくするケースが頻発する時代になったためであると言われている。逆にそういう困った事態をバネにして学級集団づくりを推し進める力量がない限り、学級はそのままのメンバーで「持ち上がる」ことができないから、毎年「シャッフル」せざるを得ない時代になってしまった、という状況分析が妥当だろう。

第Ⅱ部　教職課程担当教員としての初期キャリア形成にみる「教員養成を担う」課題

入れたのは、委員会活動の改革である。それまで教師の下請け作業でしかなかった委員会活動を、「プロジェクト活動」と改名し、子どもの願いを実現していく活動へと方向付けた。実は、その取組の中で、2年目に積み残していた「いじめ」問題が解決に向かっていった。いじめていた側の中心人物が「○○ちゃん、今まで嫌な子だと思っていたんだけど、けっこういいよ。初めて分かった」と語ったことが印象に残っている。当時は「たまたま」起こった奇跡のように受け止めていた。だが、子どもの活動の幅を拡充していく過程で子ども同士の相互理解が進み、この状況が必然的に引き寄せられたのだと分析するのが妥当であろう、と今なら思う。

　…と、こうやって書き出していくと、十数年分の膨大な駄文になるので、残りは一旦省略する。要するに、このような毎年の目標をある程度は達成しつつ、課題が残り、意図しない成果も糧としながら、実践家としての歩みを続けていた。当時は、この営みが楽しくて、その後もずっと続いていくものだと私自身も思っていた。あの7年目を迎えるまでは。

2）教育観の対立・矛盾に向き合う中で

　教職7年目の春、私は3校目に転勤した。思えば、他の教師との意見の対立・矛盾をあれほど強烈に感じたのは初めてのことだった。前述の内容に透けて見えるが、私の教育論は学生時代に学んだ吉本均の「学習集団論」の影響を強く受けており、その根幹は「主体形成論」にある。それは、個としての子どもと学級（仲間）集団の力によって、彼ら自身が学び・生きる時空をつくり出していくことを目指す思想である。

　7年目に出会ったその教師は、妙に先輩風を吹かせる人物であった印象があるが、何よりも、子ども観・教育観の違いに苦慮したことを覚えている。彼にとっての「教育」という営みは、「教師の厳格な指示・命令によって子どもを管理・統制すること」であった。彼は、「大人が的確に指示・命令して、子どもに問題を起こさせないように管理してやることが正義である」という確信をもっていた。彼はそれを見事にやりきることがで

きるから、「自分は優秀な教師である」という自信に満ちていた。彼の目から見える「子ども」は、「大人が管理しなければ、ろくなことができない存在」だったのかも知れない。あるいは、彼にとっての「子ども」は、「自分の管理能力を誇示するための道具」に過ぎなかった可能性さえある、と今は思う。

　私の目から見れば、こうした彼の教育観は「猛獣使い」か、家畜やペットの類いの「調教」のように映る。いわば「容体形成論」に過ぎない。彼と関わりをもたなければ、自分が困ることもなかったのだろうが、4学年主任の私と5学年主任の彼とは、子どもを通じてどうしても接点が生じてしまう。とりわけ、私の学年はやんちゃな子どもがたくさん居たから、5年生との間にトラブルが多かった。

　トラブルを起こす子どもに対して、力任せの「調教」で行動を縛る方針を主張する彼に対し、私は子どものやんちゃなパワーを、むしろ集団づくりの推進剤として生かそうとした。彼は生徒指導主任だったから、強硬に指導方針の転換を私に迫ってきたものだ。私個人への批判も凄まじかったが、私を支持してくれる教師も少しずつ増えていた状況だったから、そのお陰で何とか耐えられた。そうした私の支持者は、私の学年の子どもたちが徐々に変化・成長していく様子を見て共感してくれたわけだが、「実践を通してやって見せる」という伝え方しかできない自分の限界を感じ始めたのはその頃である。

　ある宴会の席だったか、中堅の教師が私に問うた。「八木さんは、何がしたいの？あなたがやっている教育をどう理解したらいいの？」と。彼女は、批判というより興味をもって問うてくれたのだが、一瞬困ってしまったことを今でもはっきり記憶している。校内でも直接の関わりが少ない学年の教師だったから、なおさら彼女に誤解を与えずに端的に説明できる言葉を探した。しかし、自分の実践を相対化して整然と説明する言葉を、まだ十分にもっていないことを自覚したのは、この時である。

　ほどなくして、チャンスさえあれば大学院で勉強し直したいと願うようになる。ただ、同時に実践家としてもっとやってみたいことが山ほど残っ

ていた。だから、しばらくは教育実践を進化させる営みと、それを相対化する言葉を探す営みとを並行して進めることにした。ちょうどその時期に、交流人事で大学の附属小学校勤務となり、職務上も言葉（理論）を探す営みに没頭できる状況が訪れたことは幸いだった。自分で教育実践を展開しながら、言葉を用いて相対化する仕事は、産みの苦しみに苛まれる時もあったものの、楽しくて仕方なかった。

　今は研究者となり、実践を相対化する仕事だけがこの手に残っている。「小学校に戻りたいと思うことはないのか？」と問われることがあるが、それはない。確かに、自ら教育実践を創り出す立場は離れたが、逆にその分、様々な教育実践に触れる多様性が増した。この点において、授業研究の楽しさが増したように思う。授業研究は、教育実践を言語で切り取って知見を分かち合おうとする営みであるとも言える。どうやら今の私は、様々な授業研究で見出した様々な言葉の力を借りて、様々に教育実践を後押しする仕事を楽しんでいるらしい。

　こうして、私が取り組みたいことは変化してきて、今も変化し続けている。ただ、「授業研究が好きである」という一点だけはブレたことがない。大学生時代に恩師に連れて行ってもらった幾度かの授業研究も、小学教諭時代の授業研究も、研究者の端くれとなった現在の立場での授業研究も、行う度に「発見」があるという点において、そこは重要な私の居場所である。

　私は、そこ（実践の現場）にしか教育実践の真実はないと信じて生きてきたし、今もそうだ。別の言い方をすれば、いかなる理論もそこからしか生まれないという確信をもっている。

2　大学における授業研究の意味―教育思想をこそ問いながら―

　このような考えをもっている私にとって、本書のプログラムは「大学の授業研究」という枠組みでとらえられる。だが、大学における授業研究だとか、大学教授学という学問領域だとか。それは当初とても奇異な取組として私の目に映った。そして、何より「残念な状況」であると思えてなら

なかった。

　前項で述べたような「主体形成論」としての教育は、つまるところ「一人前の学習者・生活者」を育てることを目指していると言ってよい。願わくば、我が国の最高学府たる大学で学ぶ者は、すでに一人前の学習者であって欲しいし、そうなって欲しいと願って義務教育段階の教育実践に携わってきた私である。

　たとえ一方的な伝達に終始する講義ばかりであっても、大学は、自ら問いを立てて自己内対話を展開できる学習主体が集う場所であって欲しい。あるいは、自らの意思でそこを飛び出して、他の学びを選択して追究していくような学習主体が生きる場所であって欲しい。「教える側が教え方をどう工夫するか」という議論が必要とされない場所であって欲しかった。

　もちろん、そうした理想論が通用しない時代が訪れていることも承知してはいる。大学という存在が大衆化し、大学教授学という学問が勃興した経緯も承知してはいるのだが。

　そんなわけで、大学教員となった今も、私の授業形態は昔ながらの「講義」形式である。未だアクティブ・ラーニングなど意識したことはない。仮にその学習形態によって、学生が「動く」状況を生み出せたとしても、それが学習主体であるかどうか、一旦疑ってみた方がよいと思っている。

　とはいえ、自分の「講義」に何の工夫も加えていないかといえば、そうでもないと自己分析している。どうやら私は、頻繁に学生に「問い掛ける」という教育的タクトを選択する場面が多い。産婆術だとか哲学的な物言いをするつもりもないが、私自身の出自から素直に表現するなら「発問」である。

　私はなぜ発問するのだろうか。おそらく、私は大学生に対する教育活動においても、主体形成論を重要視する立場をとるからである。一人前の学習者として「自ら問いを立てて自己内対話」を始める段階に至っていないのだとしたら、ひとまずこちらが「問い」を提出して、考えようとする主体を引き出すまでである。その結果として思考をアクティブにすることができれば、こっちの方がよっぽど"アクティブ・ラーニング"だとさえ

思っている。

　どうやら私は、「大学における授業研究」をいうものを、ずいぶんシンプルにとらえているらしいことが分かってきた。つまり、「いかに問うか」あるいは「いかなる問いを生起させるか」という発問論の問題であると私はとらえているようだ。すると、大学における授業研究も、小中学校で行われている授業研究も、根本は同じということになる。そこに教授者と学習者がいる。「授業」と呼ぶか「講義」と呼ぶかという問題はさておき、そこに何らかの相互作用が成立しつつ、学習者の主体性が立ち上がっていく。そういう主体形成論に焦点を当てるのであれば、大学における授業研究も悪くないな、と今の私なら思う。

　折しも、アクティブ・ラーニングが、これほど大きなムーブメントになっているこの時代だからこそ、大学教育における教育の思想があらためて問われなければならない気がする。大学における授業研究は、どこに焦点を当て、何を追究すべきなのか、いかなる教育思想に立脚すべきなのか、それを真剣に議論すべき場が必要なのかも知れない。このプログラムが、そういった「教育思想を問い直す場」として、一定の意味をもってくれたらうれしい限りである。

（八木　秀文）

第2節　高等学校教員から大学教員になる

1　高校教員になるまで

　私は、高校教員を経由して、2016年4月より大学教員になった。高校教員から大学教員へのキャリアパスは、教育委員会との人事交流や定年退職後に実務家教員となって赴任するケースが多い。だが、定年までの時間を随分残し、高校教員から大学教員になる私のようなケースは、周囲を見渡す限りあまりない。こうした私のキャリアパスは、大学教員となるキャリア形成として標準ではないが、私にとっては、学部時代に高校教員のキャリアを持つ大学教員と出会ったことをきっかけに、典型とまでは言わ

第5章　学校現場での経験を教員養成に活かす

ないものの、高校教員の1つのキャリアモデルとして記憶されていた。そのことが、高校教員に対する私の職業観の形成に影響していたように思う。以下では、これまでの私のキャリアの中から「大学教員になる」に関わると思われる出来事について振り返り、自らの内なる声と対話しながら記述していく。

　大学に入学した1994年当時、私は卒業後の進路を漠然と「高校教員か民間企業か」と考えていた。そう考えていたのにはそれなりの理由がある。高校教員の方は、当時難関であった採用試験の突破が条件だが、好きな勉強を続けながら人の成長に関われる点に魅力を感じていた。とはいえ、私の生家はサラリーマン一家であったため、頭のどこかでは企業で働くことが自分にとって順当なキャリアだとも思っていた。それゆえこれら2つの進路を視野に入れながら教職課程を履修し、大学生活をスタートさせた。

　そうした中、教職の授業を通じて教育社会学に興味を持つようになる。特に、大学受験の時に自分の中で引っかかっていた入試科目と大学教育との関連性について、教育社会学の学校の社会的機能の概念によって一定の説明ができる点に気持ち良さを感じた。こうした教育社会学への関心は、阪神・淡路大震災（1995年）や母の他界など人生の有限性を感じさせる個人的経験と絡まり、「本当の大学生活（＝当時は良い卒業論文の作成と思っていた）」を重視するようになった。そうして大学4年時には、大学教員になるという進路も考えるようになった。

　この時点で私の卒業後の進路希望は、「高校教員か民間企業、あるいは大学教員か」となるはずであるが、それでも私は、大学院進学を現実的な進路として考えていなかった。というのも、授業を受けていた教育学の教員のうち、高校教員をしながら合間を縫って大学院生活を送り、大学教員になった先生が数人おられ、そういうキャリアの方が、ストレートに大学教員を目指すよりは経済面と人生経験の点で豊かになると考えていたからだ。こうして進路は、高校教員か民間企業かの二択から絞り切れないままだったのだが、4年生で教員採用試験に落ちたことにより、結局、内定し

ていた民間企業に就職することになった。

　さて、卒業して会社生活が始まり、建材メーカーの営業として首都圏に配属となる。平日の昼間は得意先をまわり、夜は先輩と飲み歩く生活を送っていたが、それでも週末の関心は卒業論文のその先のことにあった。暇さえあれば、近くの図書館で学会誌や専門書を読み、家では放送大学の講義を視聴していた。そんな生活を送る中、「このまま会社で勤めていても、いつか、自分は行き詰まるだろう」と感じるようになり、教員の職を求めて会社を退職し、高校の常勤講師になった。

2　高校講師時代の経験

　こうして私の高校教員生活が始まった。最初に赴任した高校は、自宅から 30 分ほどの距離にある普通科高校で、生徒の 3 分の 1 程度が中退や留年をする学校だった。とにかく授業づくりが大変で、教科書やノート、筆記用具さえ持ってこない生徒、アルファベットの読み書きができない生徒など、課題を抱える生徒がどのクラスにもいた。そこは、古賀（2001）が描いた教育困難校のエスノグラフィーそのものだった。とはいえ、勤務校の生徒らは見かけによらず人懐っこく、私は生徒と接する中で、彼らこそ教育が必要な生徒だと教育への熱い思いを抱くようになった。だが、当時、勤務校はクラス数の削減期にあり、私の任期も始めから 1 年と聞かされていた。それゆえ在任中から任期満了後の生活を考え、再び進路に悩んだ。「大学院進学か正規採用を目指して高校教員を続けるべきか」である。結局は、進学することにより経済的に自立できなくなる可能性を考慮し、まずは生活を安定させて、大学院進学は採用試験に合格してから考えることにした。そうして任期が終わると、今度は地元・大阪の私立高校で常勤講師に就いた。

　2 校目の私立高校は、難関大学を目指すいわゆる進学校であった。教員 2 年目の私にとって、受験指導はある種のプレッシャーであったが、生徒が学校に求めていることは明確で、授業も大学入試問題の動向を捉えた展開にすれば、特に問題なかった。それゆえ 1 校目のように、授業のことで

悩むことはあまりなかったが、そこでは生徒指導のことでいろいろ考えるところがあった。勤務校のすぐ近くに通信制高校があった。その学校は、勤務校で徹底されていた制服や頭髪に関する「あたりまえ」の指導が、指導の対象にされておらず、生徒はファッショナブルな服装で自由に登校していた。そうした学校間による生徒指導の違いを不思議に思い、指導の背景にはどういう事情があるのか、自分がやっている指導は正当なものなのかなど、生徒指導を含む学校文化に興味を持つようになった。そうした経験は、標準的な「高校」という概念では括られないような高校生が、どのような生活をし、どんなことを考えているのかへの関心に繋がり、その後、大学院での研究テーマになった。こうした2校目の生活も公立高校の採用試験合格により終わりを迎え、3校目となる工業高校に赴任することになった。

3　二足の草鞋を履く

　大学を卒業してから4年が経ち、ようやく腰を据えて仕事に取り組む体制が整った。そこで、私はまず担任をし、生徒が入学してから卒業するまでのひと通りの指導を教員として経験したいと思った。ところが、赴任した工業高校は、毎年のように新任教員が送り込まれ、担任を希望する若い教員が多くいた。実際、私は校内人事で教頭に担任を申し出たが、向こう3年間はもう担任が決まっていると言われるあり様だった。私は、せっかく教諭になり担任の仕事ができると思い意気込んでいたため、少しがっかりしたが、ずっと引きずっていた大学院進学を実現させるチャンスかもしれないと視点を切り替え、仕事と両立ができ、なおかつ教育社会学を学べる大学院を探した。そんな中、母校の大学で、職場から30分圏内に昼夜開講制の教育学系大学院が開設されることを知る。早速、学部時代の先生に相談し、就任予定となっていた教育社会学の先生に繋げていただいた。こうして大学院を受験し、実質的には夜の大学院に入学することになった。

　そのようにして昼間は高校教員、夜は学生という「5時から院生」の忙

しい生活が始まった。勤務校は着任２年目ということで、ある程度仕事の流れをつかめていたが、時間通りに退勤するためには数日前からの周到な準備が必要だった。また、一日の時間を効率的に使うため、当時高価だったノートパソコンを購入し、個人情報などを含まない授業の準備やレポートの作成は往復３時間の通勤時間に行った。大学院の専攻では、私以外にもう１人の学生がいるだけだったので、講義形式の授業であってもほとんどが演習形式となり、毎週、なにかしらの発表があった。そんな目が回るような日常であったが、先生方から手厚い指導を受け、ゼミの後は駅の高架下で終電までお酒を飲んで議論に参加する、充実した生活を送った。そうして徐々に大学院生らしさを身につけ、２年生で学会発表をし、修士論文も順調に進んだ。

　そんな大学院生活も終わりに近づくにつれ、私は、学部卒業時と同じように研究を継続させたいという希望を抱くようになる。だが、私が通っていた大学院は修士課程までしか設置されておらず、この先どうやって研究を継続させればよいか悩むようになった。そうした状況を指導の先生が察し、修了後も研究上のいろいろな支援を受けられるようにいろいろ配慮してくださった。こうして修士修了後も研究生活を送り、科学研究費補助金（奨励研究）に２回採択されるなど研究成果を上げることができた。

　さて勤務校の方では、その後、予定通り着任３年目に担任を任された。担任として入学してから卒業まで生徒と生活を共にし、ヤンチャだった生徒が職業資格を得て就職していく立派な成長の姿を見て、私は教員としてのやりがいというものがどういうものなのか、実感することができた。こうした工業高校での生活も、担任した生徒を卒業させると同時に人事異動の対象となり、今度は高校改革の先進校である中高一貫校へ赴任することになる。

4　改革先進校着任と教職生活の変化

　工業高校から改革先進校に着任し、私の教職生活はガラリと変わる。その学校は、新自由主義的な社会風潮の中、２つの高校を統廃合し、そこに

第 5 章　学校現場での経験を教員養成に活かす

中学校を併設させた中高一貫校だった。私は開校 1 年目にその学校に赴任した。着任に先立って集められた異動内示者の説明会では、設置準備委員会が描いた目標に沿い、7 時間目授業や放課後の補講習、土曜学習、夏期講習の実施が決まっていると知らされた。どんな学校でどんな生徒が来て、どんな日常が待っているのか全く想像できず、私は仕事を上手くやれるのか、研究を続けられるのか不安だった。それでも余暇の時間をゼロにして、ペースは落ちても研究を続けていこうと考えていた。

　さて、4 月になり学校が始まると、私は、早々に 1 年生の担任を任された。予想していた通り、日々の生活は格段に忙しくなり、どの教員も新しい環境に慣れず、職員室には夜 8 時 9 時になってもほぼフルメンバーの教員が残っていた。身体を壊す教員も現れ、働き詰めの日々が半年ほど続いた。そうした中、担任の教員らは、まだ軌道に乗り切れていない学校組織と期待を膨らませる生徒との間で板挟みになり、生徒にどう指導するか、他の教員にもどうやって意思統一をお願いするか、悩んでいた。そのため、ある程度課題を把握できるようになった頃から、学年主任を中心に同僚教員の教え子が経営する近くの居酒屋に集まり、クラスで起きている問題や学校の現状について話し合うようになった。私もそうした場に入り、お互いに悩みを打ち明けたり実践につながる新しいアイデアを考えたりした。その居酒屋はいつしか「第二職員室」と呼ばれ、時には他校の先生が加わるなどいつも学校の話で議論が盛り上がった。そうした改革先進校での生活は、どの教員も「大変な学校」と認識していたが、教育改革の最先端で期待されながら仕事をしているという自負心があり、私もそうした感覚を持って取り組んでいた。

　ところが、こうした生活が 2 年ほど過ぎた頃、私は、これまで続けてきた自分の研究が全く進んでいないことに気付く。補講だけでなく運動部の顧問をやっていたため、平日の時間がほとんど取れず、土日も部活で出勤することが多く、研究の時間がほとんど消えていたのである。私は、学校の仕事と自分の研究にどうやって向き合えばよいか良いか悩むようになった。そうした悩みが、具体的に表面化したエピソードがある。

私は、修学旅行から帰ってきた日の翌日、幸いにも学会に参加できそうだったので発表申し込みをした。申し込み時点では、以前に取ったデータを使った研究の見通しがあり、夏休み期間を利用して原稿を仕上げる予定にしていた。ところが、夏休み自体が期間短縮となり、部活動の合宿等々の業務と相俟って、休業期間にもかかわらず十分な時間を確保できなくなってしまい、ついにはあろうことか、学会直前の修学旅行先で、生徒が寝静まった夜更けに原稿を書く羽目になった。まさに仕事が研究とせめぎあう関係になっていたのである。

　私はそれまで高校教員が本務である以上、研究が学校の仕事に侵食しないように気を付けてきた。だが、この経験をきっかけに、このままだと「二兎を追う者は一兎をも得ず」になってしまうという危機感を感じた。この状況を回避するためにはどうすれば良いか、いろいろ考えた結果、「高校教員と研究の二兎を追えられるように研究能力を高め、効率的に研究できる技術を身に付ける」という方向性に行き着いた。すなわち、どうにかして博士課程に進学し、しっかり自分の研究能力を鍛え上げようと思ったのである。

　そうして、担任していた学年の生徒を卒業させるタイミングで、教育委員会が設定している無給扱いになるが学校を離れて研修できる制度を利用し、博士課程後期への進学を決めた。

5　博士課程後期での生活

　こうしてひと回り近い年下の先輩や後輩、留学生との博士課程後期生活が始まった。はじめのうちは、これまで経験することのなかった、学部からストレートで進学した院生が多くいる普通の大学院生活に戸惑ったが、研究室には学問を愛し教育社会学を探究したい人たちが集まっており、いつも刺激に満ちたわくわくする環境にすぐに慣れた。私は、「こんな素晴らしい研究コミュニティに入れただけでもここに来た価値があり、もっと早く来るべきだった」と後悔した。

　さて研究生活では、修士課程修了後6年間のギャップが尾を引いてか、

良いスタートは切れなかった。ゼミでは修士課程の院生の発表を聞いてはそのレベルの高さに驚き、いつも発表終盤の質疑の時間になってからようやく議論の内容を理解するというあり様だった。そうした状況ではあったが、せっかく仕事を休んで進学したのだから他の院生と同じことをして、働いていてはできないことをやろうと考えた。その結果、朝から晩まで研究室に篭り、院生が参加可能な共同研究にメンバーとして入れてもらった。そこでは単に知見を深めるだけでなく、研究領域の幅の広げ方や研究者コミュニティでのマナーのようなものを学んだ。特に、教職Ｐで議論した大学における教育と研究のあり方や、教職教育が抱える問題の構造などのテーマは、学生に考えさせる授業方法や海外の教員養成事情にも目を向けるきっかけとなり、ケースメソッドによる教育実践へのアプローチやフロリダ州立大学を中心としたフィールドワーク（詳細は、尾場（2013）を参照）にも繋がった。そうした教職Ｐの活動は、私の教育観に思いもよらぬ影響を与えた。

　これまで私は、学校教員には担当教科の専門家と教育者としてのペダゴジーの専門家を兼ねるという性質があるが、学校段階が上級学校に進むにつれて後者よりも前者が前面に出ると考えていた。ところが教職Ｐで参与観察した他大学やアメリカの教職課程科目の授業では、世間で思われているような「教授（＝大学教員）が自分の研究分野のことを好き勝手話す授業」ではなく、教職課程という公的性格を踏まえ、学生の職業的成長を視野に入れたペダゴジカルな視点で展開されていた。こうした教職課程の授業に見られる教職観は、私の中でペダゴジカルな研究者という教職課程担当教員像を浮かび上がらせるとともに、高校教員が教科担当制であることを理由にペダゴジーの専門家としての側面を軽く考えていた私の高校教職観にも変更を迫った。

　そうした研究生活を送った研修期間もあっという間に過ぎ、学校現場に戻ることになる。

第Ⅱ部　教職課程担当教員としての初期キャリア形成にみる「教員養成を担う」課題

6　高校教員から大学教員へ

　２年間の広島での生活後、私は研修前に在籍していた改革先進校に復帰した。学校では、帰任早々、ある校務分掌の長を任され、気が付けばこのまま教諭でいくか、管理職でいくか、私の高校教員としてのキャリアもすっかり分岐点に差し掛かっていた。そうした教員としてのキャリア選択を迫る状況は、学部時代から描いていた高校教員から大学教員になるキャリアモデルを強く意識させた。

　ちょうどその頃、先進校での私の勤務も人事異動のサイクルにより他校へ転任となった。異動して数ヵ月後、現職に結びつく大学教員就任の話を伺った。私は、「自分にとって残りの人生をかけて力を発揮できるのは、学校現場に残ってやる仕事か、それとも大学へ移ってやる仕事か」を考えた。最終的には、同僚のベテラン教員が私にかけた「まだ定年まで時間がたっぷりあるし、大学でもひと仕事できますね」の一言に背中を押され、キャリアシフトを決意した。こうして大学教員としてどこまでできるか、私の新たなチャレンジが始まった。

　大学教員になってなにより良かったことは、研究活動が仕事の一部として認められ、大学からも研究室が貸与されるなど、さまざまな研究支援を受けられるようになったことである。また、大学教員には研究日が設けられ、国内外の学会にも参加しやすく、研究者との交流ができるようになった。そうした研究に対する大学からの支援は、研究成果を世の中に発信し、社会に貢献していかなければならないという使命感に繋がり、いつも頭の片隅には研究のことを考えるようになった。私は、こうした今の環境に幸せを感じ、これまで支えてくださった先生方にとても感謝している。

　一方、教職の授業では、先に述べたようなペダゴジカルな研究者を意識し、学生が担当教科の専門家だけでなく、教育学の視点からも教育活動全体を省察できるようにするために、指導の展開を工夫している。そうした発想の土台をなすのが、本田（2009）のキャリア教育の文脈における「適応」と「抵抗」の議論である。〈適応〉とは、「自分を変えて環境に合わせてゆく方向であるのに対して、〈抵抗〉は、自分が正しいと考える状態へ

と環境を変えてゆく方向である」（本田2009、p.183）。このことは、教職教育においても重要だと思う。学生には、まずは学校現場で教員が授業をしていく上で必要な知識や技術などを身につけさせる。そして、授業実践を含めたさまざまな教育活動をペダゴジーの観点で解釈し、筋道を立てながらより良い学校教育を目指す力を身につけて欲しいと思う。そうした力をもった教員が育つように、私は教職科目の授業に対し、日々改良を加えている。

　以上、ライフヒストリーによりこれまでの私の歩みを振り返ってみた。大学教員へのキャリアパスは、「学部→大学院（修士・博士）→大学教員」が一般的であるが、私は大学院の期間に高校教員という職業を並走させながら歩んできた。そうした歩みを可能にした最大の要因は、学校現場が教員の研究活動に干渉せず、学校運営に支障のない範囲で教員の裁量を認めてくれたことが大きいように思う。その度量の深さは各学校の事情によって異なるが、少なくとも私が勤めた学校は、研究することを後押ししてくれていた[1]。とはいえ、私がずっと高校教員を続けていくことを期待し指導してくださった先輩諸先生方には、大変申し訳なく思っている。そうした方々にとって、私が自慢の大学教員になれるように、これからも研究・教育に、精一杯の力を注いでいきたいと考えている。

（尾場　友和）

第3節　中学校校長から大学教員になる

　公立中学校校長を定年退職するときには、ある博物館の館長として仕事をすることになっていた。その直後、大学教員のお話をいただいたとき、どちらをするべきなのか、しばらく考えざるを得なかった。迷っていた時、決め手となったのは、学校や行政職員としていろいろな経験をさせていただいたこと、様々な立場で苦楽を経験したことをそのままにしてはい

---

[1] 研究する高校教師として、私の身の回りには在職中に博士号を取得した教師もいる。

けない、いや伝えなくてはならないという情動のようなものであった。

　大学を卒業後、社会科教師として公立中学校に赴任した。担任として生徒とともに泣き笑いした３年間をすごした後、社会科教育の教材研究に没頭し、様々な研究会に出ていくようになった。10年目の頃、ある研究者から一緒に歴史研究しないかと声をかけられ、出版のための原稿提出までこぎつけたものの、ご本人が交通事故で不慮の死を遂げられ、すべてが没になってしまったこともあった。

　36歳のとき、転勤先の中学校で、当時文部省の生徒指導研究指定校として研究推進をしていくためにと、校長先生から背中を押され、教育センターでの半年間の研修の機会を得た際には、生徒指導の研究に没頭した。そこでは、これまでの自分の生徒指導の在り方をはじめ、生徒観や教育観をひっくり返されて、経験に頼った教育指導の浅はかさを思い知らされるとともに、急に目の前が開けた気がした。

　38歳の時、内地留学の機会を得て、大学院に行くことになった。そこでは、これまで興味をもってきた歴史系ゼミに入って、近世史を中心に研究し、本格的な歴史研究による論文を書くことで、新たな世界を切り開くことができた。また一方で、自分の興味あることを幅広く知りたいという知識への憧れの中で、プラント・オパールの研究をされている教授に頼み込んで時間外の教えを乞うこともあった。さらには文化財臨地研修会で、ある寺院の十一面観音菩薩像をみたときには、仏像のことが知りたくて、関連の書物を読みあさり、仏像を見るために全国各地に出かけ、仏像の種類や時代判定をすることに没頭した時期もあった。ことほど左様に普段から常にいろいろな事物・事象について、その根源を知りたいという思いが強く、疑問や不思議なことがあれば、「なぜなのか」と追究するくせがあった。

　大学院修了後、県教育委員会事務局で仕事をすることになった。教育事務所の指導主事、主任指導主事、学校教育課長を歴任することにより、学校の教育だけでなく、教育委員会への指導・助言ということに携わった。広島県は当時の文部省から是正指導を受けるなど、非常に苦労の多い時期

第5章　学校現場での経験を教員養成に活かす

であったが、各学校長の教育理念に接することや優秀な教育長との会話を通して、教育行政の在り方、学校の在り方、管理職の在り方、教職員の在り方、地域との連携の在り方、人材育成などを幅広く考えるきっかけともなった。特に是正指導は、教育の根幹にかかわる問題であり、教育のあるべき姿を自覚させられた。それは単なる体験ではなく、熟慮的経験として、その後の自分の指針として生き続けることになる。

　中学校長として最初に赴任した学校では、文部省学力向上フロンティアスクールの指定を受けた。学力向上を目指して、2学期制をさらに分けて4学期制とし、すべての教科において思考力を高める工夫や認知カウンセリングを組み込んだ2学期4クオーター制に取組んだ。紆余曲折を経た取組が、教育雑誌等に掲載され、これからというときになって、人事異動により学校現場を離れなければならなくなった。ちょうど6つの町が市として合併するということになり、教育委員会の基礎固めのため、地教委の行政職員（参事・教育次長）として働くことになったのである。そこでは県教委と違って、学校や地域住民に近いところにある関係で、これまでと異なったスタンスが要求された。通学区域の弾力化、適応指導教室の設置、国際交流事業の充実、学校給食再編計画の立案、議会対応をはじめとする企画・調整・折衝では、議員や地域住民とのやり取りや説明会が必要であり、その調整を計りながら進めていかなくてはならなかった。そこでは、これまでのような特別権力関係にないため、人間力を磨く必要性を感じたものである。

　3年後、再び中学校長として学校現場に出ることになった。一番重視したことは、前任校でのすべての教職員の力を引き出せなかったことへの反省を生かした人材育成と「総合力」を意識して学校をつくっていくことである。「総合力」とは、事務職員も含め、教職員全員が個性や持っている力を存分に発揮すること、さらにその力を合わせて協働・協力することである。そのために①職場の雰囲気、②コミュニケーション、③責任を取ること、④適材適所、が重要だと考えた。ビジョンを明確にして教職員の力を結集し、不登校や暴力問題など多くの生徒指導上の課題を克服して学力

向上に取組んだ。その取組については、雑誌にも掲載され、成果を研修会等において発表したが、何より全教職員がやる気をもって明るい学校をつくることができたことが嬉しかった。

　現在の学校は例外なく多忙である。実際、自分も忙しい学校生活の中で論文を書くということに挑戦することは、とてもできることではないと考えていた。しかし、恩師から「書きなさい」と言われたとき、いくら時間がないように見えても締切とやる気があればできることを発見してから、「日曜史家」として、時間を見つけて少しずつ蓄積して歴史論文を投稿するようになった。査読が通った自信から、その後は一年に一本書くということを自分の目標に掲げてきた。一つの課題が解決すれば、新たな課題が生まれ、尽きることのない「問い」の連続を経験する中で、一番自分の中でフィットする言葉は「苦しい」と「楽しい」が同居する「くるたのしい」（遠藤周作の造語）である。不思議なことに出会うと、ついつい調べてみたくなることだけは年齢を重ねた今でも強く残っている。

　公立学校を定年退職後、大学教育に携わるようになった。専門性はもちろんのこと、大学においても雑学が役立つことを実感してきた。しかし、一番問われるのは、視野の広さと視座の高さであり、これまで蓄積してきた研究の真価である。どんな専門性であれ徹底的に考え抜くことが別の分野に取組む場合に有効であり、すべての学問に通じる共通部分だと思う。これまで学問にどれだけ真剣に向き合ってきたかが問われるのではないだろうか。

　大学の教員となってまず、苦労したことは、例えば、「校務分掌」のように、当然知っているだろうと思っていた学校における日常語が常識ではないことである。また、様々な自分の経験は、限られた文脈に依存しているということを自覚しなければならなかった。他方、現在の学校現場の厳しさを話すとき、それによって学生が夢や希望をなくさないよう配慮しなければならない。必ず解決の糸口があるということ、そして、決して孤独ではないということをかれらの心にとめさせる必要がある。それをどう効果的に伝えることができるかが問われている。

第5章　学校現場での経験を教員養成に活かす

　これまでの学校や教育行政における業務を経験した際、常に自問自答を繰り返し、自己内葛藤をしてきた。そのことが新しい形に生まれ変わり、ものの見方や考え方の中に生きているのだと思う。言ってみれば「習得・活用・探究」ならぬ「探究・創造・応用」を無意識のうちに繰り返していたのかもしれない。だから、学校経営も当たり前のことをするというより、新たなことを開発してみたいという気持ちを強く思って取組んでいたのであろう。当然、大学の授業でも毎年新たな内容を創造し、更新することに喜びを感じていた。

　教職大学院では、学校が変わり、児童生徒が変わり、環境が変わっても、実践的対応力と実践研究力をもち、創造力のある院生に育成していくことが求められている。そのために、われわれ実務家教員は、研究者教員とは異なったスタンスと実践的な知恵を生かすことが求められていることを自覚しなければならない。

　一般に大学院における理論は、ショーンの表現によれば「研究に基づく理論と技法を有効に使用できる高地」であって、学校現場は、「ぬかるんだ低地」かもしれない。実際、他の地域の成功事例をそのまま実践しても必ずしも成功しないことが多い。他方、学校における実践的知識は、事例に基づいた個人的知識である。そこで重要なことは、理論をモデルにしながら、少しずらして考えたり、他の事例を結びつけて考えたりするなどの実践的知識との融合である。さらには自らの実践的知識を理論化することにも取組んでいく必要がある。

　大学院に行く意義は、新たな知識を身に付けることというより、スキーマを獲得することなのだと思う。どういう世界観や哲学、理論をもっているかで、教育の質は異なってくる。そうした意味において、自らの実践を省察し、知を創造していく教師を育成するために、実務家教員として、単に経験を語るのでは不十分である。これまでの自らの実践をより高いところから俯瞰して問い直し、より深いところから人間というものの在り方を見つめ、多様な熟慮的経験をもとにして研究者教員とは異なる角度や視点から指導していくことが大切であると思っている。　　　　（沖野　清治）

第Ⅱ部　教職課程担当教員としての初期キャリア形成にみる「教員養成を担う」課題

第 4 節　学校教員から大学教員への転身
―大学におけるペダゴジカル・コンテント・ノレッジの重要性―

1　実践家重視モデルの陥穽

　教員養成において実践経験を重視するのは日本だけでなく、海外も含めた動向だと言ってよかろう。インターンシップ、つまり、教育実習期間を長くし、実践にすぐに「役立つ」知識や技術を習得することが求められるようになっている。とくに専門職大学院である教職大学院では、こうした実践重視の考え方が明確に反映されたカリキュラムになっている。

　専門職大学院で求められるのが、実践家、つまり、その領域の実践経験者である。法的にも実務家、つまり、実践において経験を積んだ者、いわばその道のエキスパートを一定の割合で採用することが求められている。この考え方は、教職大学院でも変わらず、教員や教育行政の経験者が重視され、一定の割合で採用されている。

　もちろん、こうした実践のエキスパートの知識や技術、経験は重要であろう。エキスパートしか知り得ない経験を伝えることの重要性も否定するわけではない。しかし、そこには教員養成研究で培われてきた重要な要素が欠けていないだろうか。

　専門職大学院で採用されているのは、いわばシンプルな「実践家重視モデル」だと言える。つまり、「ある専門領域についての実務経験があり、卓越した実績をあげるエキスパートになれば、その専門領域を教えることができる」という考え方である。専門家であれば、その領域の教員としても適格であるとされている。

　同様の考え方は、かつての中等教員養成や大学教員養成で採用されてきた。こちらは「専門家重視モデル」と言えるだろうか。英語や歴史、化学など各教科や専門領域の専門家であれば、それが教員としての資格になり得る。とくに大学教員は、現在もなお「専門家重視モデル」が根強く、だからこそ、本書で扱うような教員としての大学教員養成プログラムが必要

とされるようになっている。

　専門職大学院は、こうした大学のアカデミズムに対する対抗策として提出されたものの一つであろう。しかし、そこで採用されている考え方が、旧来の大学の採用形態をそのまま実践家にあてはめた「実践家重視モデル」に過ぎないことはある種のアイロニーになっている。とくに教員養成の最高学府であるはずの教職大学院でも同様のモデルが採用されていることはどのように理解すれば良いのだろうか。

　これまでの教員養成は大きくアカデミズムとプロフェッショナリズムの二つに分けられてきた。アカデミズムとは先の「専門家重視モデル」の養成形態であり、教育学や心理学の知識を重視しない。そこで必要とされる専門知識を Shulman（1986）はコンテント・ノレッジと呼んでいる。その一方でプロフェッショナリズムの教員養成は、先の「実践家重視モデル」であり、教育方法や心理的な発達段階などが重視される。これはペダゴジカル・ノレッジと呼ばれる。この両者の統合したものがペダゴジカル・コンテント・ノレッジと呼ばれ、これこそが教員に必要とされる知識である。

　つまり、「専門家重視モデル」と「実践家重視モデル」、それぞれだけでは教員として不十分である。それぞれのエキスパートであるだけでは教員になり得ない。自身の持つ専門的な知識や技術、経験を、いかに教えるのかというペダゴジカル・コンテント・ノレッジを持ってこそ教員になることができる。

2　大学でのペダゴジカル・コンテント・ノレッジ

　第5章で紹介された3名のライフヒストリーは、それぞれ別の形で大学教員としてのペダゴジカル・コンテント・ノレッジの重要性を示している。つまり、3名は大学教員となるために、さまざまな形で自身の知識や技術、経験を伝えるすべを身につけている。

　八木氏は、大学での教育実践について下のように述べている。

第Ⅱ部　教職課程担当教員としての初期キャリア形成にみる「教員養成を担う」課題

　　だが、大学における授業研究だとか、大学教授学という学問領域だと
　　か。それは当初とても奇異な取組として私の目に映った。そして、何
　　より「残念な状況」であると思えてならなかった。

　こうした考え方にもとづき、講義で「発問」を重視する方法と、その意
義を反省的に意義づけるようになっている。
　また、尾場氏は研究者への憧れを実現するため大学院に進学するが、そ
こで研究を学びながら大学での「教育」を学ぶことになる。

　　さて研究生活では、修士課程修了後6年間のギャップが尾を引いて
　　か、良いスタートは切れなかった。ゼミでは修士課程の院生の発表を
　　聞いてはそのレベルの高さに驚き、いつも発表終盤の質疑の時間に
　　なってからようやく議論の内容を理解するといったあり様だった。
　　　　　　　　　　　　　（中略）
　　特に、教職Pで議論した大学における教育と研究のあり方や、教職
　　教育が抱える問題の構造などのテーマは、学生に考えさせる授業方法
　　や海外の教員養成事情にも目を向けるきっかけとなり、ケースメソッ
　　ドによる教育実践へのアプローチやフロリダ州立大学を中心とした
　　フィールドワークにも繋がった。そうした教職Pの活動は、私の教
　　育観に思いもよらぬ影響を与えた。

　さらに、沖野氏は、まさにエキスパート教員として現職教育を担う役割
を期待されて大学に赴任した。そこでの経験を次のように述べている。

　　大学の教員となってまず、苦労したことは、例えば、「校務分掌」の
　　ように、当然知っているだろうと思っていた学校における日常語が常
　　識ではないことである。また、様々な自分の経験は、限られた文脈に
　　依存しているということを自覚しなければならなかった。他方、現在
　　の学校現場の厳しさを話すとき、それによって学生が夢や希望をなく

さないよう配慮しなければならない。必ず解決の糸口があるということ、そして、決して孤独ではないということをかれらの心にとめさせる必要がある。それをどう効果的に伝えることができるかが問われている。

　ここで3名によって語られているのは、現職教員としてすでに専門的知識、あるいは実践的知識を持っていた方々が、それを大学でのペダゴジカル・コンテント・ノレッジとして統合し、大学教員になる過程にほかならない。

3　大学教員養成の重要性
　以上のように、大学教員の養成プログラムは「専門家重視モデル」と「実践家重視モデル」の一方のみを強調した大学教員養成から抜け出るための重要な方策の一つである。実践家は実践的な知識や技術だけでは決して教員になり得ない。大学教員養成プログラムは、専門的知識と実践を結びつける、大学教員になるためには不可欠な過程を補助する役割を担っている。

（山田　浩之）

第Ⅲ部
「先生の先生になる」教育プログラムの取組
―その意義と課題―

第6章 「先生の先生になる」ための教育プログラム
―Ed.D 型教育プログラムの革新性―

第1節　教員養成をめぐる現代的課題

1　国の政策文書にみる教員養成の諸課題

　教員養成の今日的課題に関する直近の政策文書の一つとして、2015（平成27）年12月21日に示された中央教育審議会答申「これからの学校教育を担う教員の資質能力の向上について〜学び合い、高め合う教員育成コミュニティの構築に向けて〜」があげられる。同答申は、そのタイトルが示すように、教員の資質能力の向上に向けた提言であり、教員の養成問題だけにとどまらず、採用・研修・免許といった多方面から資質能力の向上に向けた総合的な提言を行っているが、本節では、紙幅の都合上、同答申を主たる素材にして、教員養成の今日的な課題を整理しておきたい。

　同答申は、教員に求められる資質能力として、過去の答申でも繰り返し示されてきた「不易」な資質能力、すなわち教員としての使命感や責任感、教育的愛情、教科や教職に関する専門的知識、実践的指導力、総合的人間力、コミュニケーション能力等を明示した上で、それらは引き続き必要な資質能力であるという。加えて、同答申では、これらの資質能力以外にも、自律的に学ぶ姿勢をもち、時代の変化や自らのキャリアステージに応じて求められる資質能力を生涯に渡って高めていくことのできる力や、情報を適切に収集し、選択し、活用する能力や知識を有機的に結びつけ構造化する力などが教員には必要であると述べている。まさに、「学び続ける教員」として教員自身が「生きる力」を具備すべきとの認識に立っているといえよう。さらに、同答申は、アクティブ・ラーニングの視点からの

第6章 「先生の先生になる」ための教育プログラム

授業改善、道徳教育の充実、小学校における外国語教育の早期化・教科化、ICTの活用、発達障害を含む特別な支援を必要とする児童生徒等への対応などの新たな課題に対応できる力量や、「チーム学校」の考えの下で多様な専門性をもつ人材と効果的に連携・分担し、組織的・協働的に諸課題の解決に取り組む力の醸成も必要との認識を示しており、教員には従前以上に広範囲でかつ高度な知識と能力が求められてきていることがわかる。

　このような教員に求められる資質能力を前提として、同答申は、教員養成に関する課題を次の４点に集約している。

　第一の課題として、答申は、教員の養成段階を「教員となる際に必要な最低限度の基礎的・基盤的な学修」を行う段階であるという認識の必要性を訴えている。むろん、教員としての職能成長は、教職生活全体を通じて行われるものではあるが、教員として職務を遂行する上で、最低限度必要な力量を獲得しておくことが不可欠との考えに基づいている。具体的に答申では、子供たちに知識や技能の習得のみならず、これらを活用して子供たちが課題を解決するために必要な思考力、判断力、表現力及び主体的に学習に取り組む態度を育む指導力を教員志望学生に身につけさせることを求めている。その際、上述したアクティブ・ラーニング以下の新たな教育課題や近年の教育改革の方向に合わせた教職課程の改善を行うとともに、幼児・児童・生徒や学校・地域の実情を踏まえて、各教科等の学習を通じて育成する資質能力を考え、教育課程を編成し、実施するカリキュラム・マネジメントに関する基礎的な能力を身につけさせることを求めている。さらに、答申は、教員が教員としての使命感や幼児・児童・生徒の発達に対する理解など基本的な知識や能力を備えていることはもとより、大きく変動する社会の中での教育の在り方に関する理解や、多様化した保護者の関心や要求に対応できる豊かな人間性とたくましさ、幼稚園や小・中学校をはじめとした各学校等の特色や関係性に関する幅広い知見、地域との連携・協働を円滑に行うための資質を備えた教員を養成することも求めている。

第Ⅲ部 「先生の先生になる」教育プログラムの取組：その意義と課題

　第二の課題として、答申では、実践的指導力の基礎の育成に資するとともに、教職課程の学生に自らの教員としての適性を考えさせる機会として、学校現場や教職を体験させる機会を拡充することの必要性を指摘している。教職課程の学生が学校や教職についての深い理解や意欲を持たないまま安易に教員免許状を取得し、教員として採用されているとの指摘を受け、教員養成課程を有する大学・学部の附属学校を積極的に活用するなど、実践的指導力の基礎の育成に資するとともに、教職課程の学生に自らの教員として適性を考えさせるための機会として、学校現場や教職を体験させる機会を充実させることを求めている。その際、附属学校については、地域のモデル校や大学における教育研究への協力といった役割だけではなく、例えば、教職大学院等と連携し、都道府県教育委員会との人事交流を活用して、附属学校の特色を生かし、教育実習校としてのみならず教員研修学校としての役割の拡大強化も併せて検討することを求めている。加えて、答申では、上述してきた教員養成上の重要課題に適切に対応し、併せて各大学の個性や特色を発揮した教員養成を行うためには養成段階で真に必要な基礎力を明確にした上で、厳格な成績評価はもとより、各大学の学部等において教育課程の科目全体を精選しつつ総合的かつ体系的に教員の養成を図っていくような取り組みが必要であるとも述べている。

　さらに、第三の課題として、答申では、教職課程の質保証・向上のため、教職課程に関する外部評価制度の導入や全学的に教職課程を統括する組織の整備を促進することの必要性をあげている。教職課程の質保証・向上のための現行システムとしては、開設時における課程認定と不定期に行われる教職課程実地視察のみであり、課程認定を受けた後、教職課程の質の維持向上が十分に図られていないケースが見られるとの立場から、答申では現在大学の教育活動全体についてなされている認証評価と同様の教職課程に対する外部評価制度の導入とともに、全学的に教職課程を統括する組織の整備促進を通して、大学自体が組織としての説明責任を完遂することを強く求めているといえよう。同時に、答申は、既述してきたような様々な教育課題に対応できる教員の養成を行うことができるよう、「教職

第6章 「先生の先生になる」ための教育プログラム

課程を担当する教員の意識改革や資質能力の向上」も重要であると指摘しており注目される。なお、この点については、後段で詳述したい。

そして、第四の課題として、答申は、教員養成カリキュラムについて学校現場の要望に柔軟に対応できるよう、教職課程の大くくり化や大学の独自性が発揮されやすい制度とするための検討の必要性を説いている。答申は、現行の教育職員免許法の下では、学校現場から大学の教員養成に向けた要望がなされたとしても、そうした要望に大学が柔軟に応じて教員養成カリキュラムを改善できるほどの自由度がなかったとの立場から、学校現場の要望に柔軟に対応できるよう、教職課程を大くくり化し、大学の独自性が発揮されやすい制度とすることで、大学と教育委員会との連携の質を格段に向上させることができるとの認識を示している。

以上、概観してきたように、同答申では、教員養成の内包する課題を4点に集約して論及しているが、本書の主旨との関係から特に看過できないのは、「教職課程の質の保証・向上」に関係する部分であり、中でも「教職課程担当教員の資質能力の向上」について具体的に触れている点である。そこで、この部分について少し踏み込んで論及しておきたい。

答申では、既述してきたように、教職課程においては教職に関する実践力の基礎や新たな教育課題に対応できる力を持った教員の養成が求められるとし、そのためには従来の「教科に関する科目」「教職に関する科目」の区分にかかわらず、教職課程の科目を担当する教員は、上記課題に対応できる力を学生に身に付けさせることができるよう、指導力を高めることが必要であるとしている。このため、大学においては、教職支援センター等の教職課程を統括する組織や教職大学院が中心となって教職課程の科目を担当する教員に対し、学校現場体験を含む実践的な内容やこれからの教育課題に対応したFDなどを行うなどの取組を進めることが必要と指摘している。また、教育委員会とも連携して学校現場に携わる教員等を教職大学院をはじめとする大学の教職課程の教員として確保する取組も一層推進すべきであるという。さらに、大学の教職課程における実務家教員の育成及び確保に資するため、大学と教育委員会が連携し、例えば希望する一部

第Ⅲ部 「先生の先生になる」教育プログラムの取組：その意義と課題

の教員に対して大学と学校現場を交互に経験させるなどの人事上の工夫を行うことにより、理論と実践の両方に強い教員を計画的に育成し、これらの者が最終的には大学の教職課程を担う教員として活躍できるようなキャリアパスを構築することも考えられると述べている。

このように、答申では、「教科」「教職」に関わらず、教職課程担当教員には理論と実践の双方に通じた能力を強く求めており、この点は、本書で取り上げてきた「Ed.D 型大学院プログラムの開発と実践―教職課程担当教員の組織的養成―」の問題意識とも通底するものであり、大いに注目される。

2 既存教育系大学院（博士課程）における関係者の従来意識と求められてきた力量

答申の求めている「教職課程担当教員の力量」と上述プログラムにおいて我々が求めた「教職課程担当教員の力量」が一致したものであるかどうかの厳密な検討は残るとしても、両者には、これまでの「教職課程担当教員の力量」に対する共通した課題意識があったことは間違いない。換言すれば、これまでの「教職課程担当教員」は、総じて「理論には強いが実践に弱い」といった現状認識があったといえよう。

一般に、教職課程担当教員の多くは、大学院において「教科」あるいは「教職」に関するそれぞれの専門分野を修め、当該分野の研究者として輩出された者がその職を得てきた。しかしながら、従来彼らの多くは、どちらかというと、自らを「研究者」（アカデミシャン）としては強く認識するものの、「大学教員」とりわけ「教員を養成する教員」との意識が脆弱であったといわざるを得ない。それは、そもそも彼らの教育を担当する大学院の指導教員自身が大学院を教育機関というよりも研究機関として強く意識し、自らの研究遂行とその後継者育成を第一義としてきたことに大きく起因していると考える。当然のことであるが、そのような文化の下で教育される大学院生は、直接あるいは間接に自分自身も当該分野の研究者としての自覚を強く求められるわけであり、それは教育学分野においても例外

ではなかったといえよう。確かに、いかなる研究分野であれ、それがより高度で専門的になればなるほど、一人ひとりの研究課題はより細目専門分化し、そこのところでしのぎを削って研究遂行していかなければ、研究者としては生き残れないのは研究者社会の宿命である。このような研究の世界を具現化した大学院で専ら自身の研究に没頭してきた者が、結果として教職課程担当教員として奉職していくわけであるから、自分自身の研究課題以外の「教職課程担当教員として具備すべき知識や技能」を保有する由もないわけである。逆に、自身の専門分化した研究課題へ傾注すべきエネルギーをそれ以外に振り分けて、教職課程担当教員として今日求められているような力量形成に努めようとすればするほど、それは当該分野で活躍する研究者としての可能性に対して阻害要因になるとの危機意識すら生じかねなかった。

　このような既存大学院の文化や枠組みを前提にして教職課程担当教員が輩出されてきたのであるから、その意識とその力量に自ずと一定の課題が存在してきたのはある意味当然であったといえよう。

3　単なる研究者から教員養成を担う自覚的研究者へ
　――「先生の先生」の必要性――

　では、上述してきたような教職課程担当教員の課題性を受けて、答申が提言するように、教職大学院同様、実務家教員を教職課程担当教員として積極的に導入すれば問題は解消するのであろうか。確かに答申の提言の中には、傾聴に値する部分もあり、教職課程の改善に向けて効果的と思われる内容もある。しかしながら、安直に実務家教員を注入しただけでは、問題の抜本的な解決にはならないと考える。「大学における教員養成」という戦後教員養成の大原則に照らすまでもなく、「学び続ける教員」として自律的でかつ内省的な教員を養成していくためには、「真理を探究する」学問的姿勢に貫かれた研究力量が必要不可欠であるからである。実務家教員の積極的な登用は、確かに実践的側面の強化という点において一定の即効性が期待されるかもしれないが、反面、それは対処療法的あるいは「ハ

第Ⅲ部 「先生の先生になる」教育プログラムの取組：その意義と課題

ウツー」的な技能の域を脱し切れず、学理性、科学性にもとづいた普遍的で応用的な知の創造には繋がらない。結果として、教員養成の質的低下を招くことにならないのだろうか。邪道ではあっても、「緊急避難的措置」あるいは「研究者教員への揺さぶり」効果の期待という意味であれば、実務家教員投入の意図も一定程度理解できるが、ここはやはり教員養成を担う研究者教員自身が主体的にその意識改革と力量改善に取り組むことこそが課題解決の王道ではないだろうか。

広島大学大学院教育学研究科教育人間科学専攻（教育学分野）では、平成19年度文部科学省大学院教育改革支援プログラムに採択されて以来、「Ed.D型大学院プログラムの開発と実践―教職課程担当教員の組織的養成―」を実施し、教職課程担当教員の資質能力の向上を目指して10年間の実績を積み重ねてきた。取組の詳細については、他節に譲るとして、同プログラムは、「ユニバーサル化する今日の高等教育機関において従来型（Ph.D型）の大学教員では、十分に教育の職責を果たせないのではないか」、ましてや「教員養成に携わる大学教員の育成を使命とする本学教育学研究科は、率先して大学教育において実践的な指導力を十分に発揮できる人材（「先生の先生」）の輩出に取り組む社会的責任があるのではないか」といった課題意識から構想されたものであった。加えて、本プログラムは、これまで本学研究科が培ってきた確かな研究力を保持しながらも、大学教育において実践的な指導力を発揮し、高等教育を含む教育臨床に的確に対応できる（Ed.D型）人材の育成を目指したところに大きな特徴を有するものであったといえる。本プログラムの実施が当面する教職課程担当教員の資質能力向上にどれほどの貢献をなしてきたかは、本プログラム修了生の奉職先での評価を待つしかないが、中教審答申でも指摘された「教職課程担当教員の資質能力」の課題性に対して、本学教育学研究科として応分の責任を果たしてきたものと自認しているところである。

(古賀　一博)

第2節　「Ed.D 型」大学院プログラムの内容と導入過程
　　　　―広島大学大学院教育学研究科のアプローチの枠組み―

1　Ed.D 型大学院プログラムの目的と履修プロセス

　本節では、本書の基盤となっている Ed.D 型大学院プログラムの目的と履修プロセスについて整理する。

1）Ed.D 型大学院プログラムの目的

　Ed.D 型大学院プログラムの取組を開始した背景と目的は前節で詳説されたとおりだが、その目的を端的に表すならば、「従来の研究者養成中心であった『Ph.D 型』の博士課程教育を改革し、教職課程担当教員としての自覚を高め、その資質能力を向上させる『Ed.D 型』の教育課程を大幅に導入することによって、資質能力の高い学校教員の養成という社会的期待に応えること」（広島大学大学院教育学研究科 2010、p.4）だといえるだろう。そのために Ed.D 型大学院プログラムでは、博士課程後期院生が教職教育に関するカリキュラムや授業シラバスを検討・作成し、広島大学教育学部や他学部、他大学における関連授業で TA として教育実習（教職授業プラクティカム）を体験し、その授業実践を反省・評価するという PDCA サイクルを繰り返す。それらの実践と省察の蓄積をもとに、最終年度にはポートフォリオを作成する。博士課程後期の3年間を通じてこのようなプログラムを履修することで、履修者が大学における教員養成担当者として資質能力を向上させることをねらいとしているのである。
　Ed.D 型大学院プログラムは、その特色を次の6点に定めて取組を推進してきた。
1　教育者としての資質を形成させるため、大学院博士過程後期において授業を新設すること
2　指導教員の指導のもとでカリキュラム開発や TA として教育実習を行い、反省を行うこと

3　上記サイクルを繰り返し、ポートフォリオを作成し、力量を継続的に向上させること
4　実績ある欧米の教育系大学院と連携しFDや教職関連授業を参観し指導助言を得ること
5　教育委員会等の関係職員から授業検討会（実践批評会）等での指導助言を得るとともに、現職教員研修会での指導補助を行わせること
6　プログラム実施の各段階全体について外部の有識者による継続的な評価を行うこと

2）Ed.D 型大学院プログラムの履修プロセス

　Ed.D 型大学院プログラムは、上述した目的を達成するための履修プロセスを図6-1（次頁）のように構想し、Ph.D 型プログラムとの同時並行的な導入を目指すものであった。この履修プロセスにもとづいて、2007年度から2009年度までの間に次のような実施計画を立案し、取り組んだ。

<u>2007年度</u>
①「教員養成学講究」の開設
・博士課程後期1年次に開講される「教員養成学講究」において、国内外の教職に関する科目の教科書と主要な大学教育学部の教員養成カリキュラムと授業シラバスを分析・検討する
・希望する授業科目について、15回の授業のシラバスを作成する
②「大学教授学講究」の開設
・本学教育学部で開講されている教職に関する科目の授業を参加、授業分析を行う
・国内の大学の優れた教職に関する科目の授業を参観し、授業担当者にインタビューを実施する
・欧米の主要大学の教育学部を訪問し、本プログラム実施に関する協力関係を構築し、関係資料を収集する
③国際シンポジウムの開催
　欧米の有名な学者と国内の研修者を招聘して、本プログラムと同種の先

第6章 「先生の先生になる」ための教育プログラム

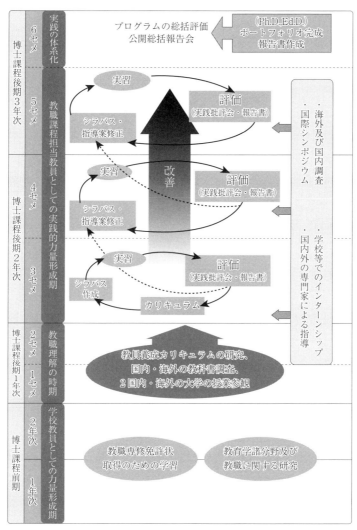

図6－1　履修プロセスの概念図
出所) 広島大学大学院教育学研究科編 (2010)、p.5

第Ⅲ部 「先生の先生になる」教育プログラムの取組：その意義と課題

進的取組の事例について報告を求め、本プログラムの目的達成に必要な事項について議論する

2008年度
①「教職授業プラクティカム」の実施
・大学院生は希望する教職に関する授業に参加し、担当教員の指導のもとに、前年度に作成した授業シラバスをもとに複数回分の授業の指導案を作成する
・担当教員の授業で実際にTAとして授業を行う
・授業風景は別の大学院生がVTR等に録画し、聴講学生による授業アンケートを実施する
②授業検討会の開催と教職実習レポートの作成
・授業検討会を開催し、指導教員や授業傍聴者等から批評を受ける
・聴講学生による授業アンケートの分析結果を基に、その授業に対する反省をふまえた「教職実習レポート」を作成する
③国内外の教職に関する科目の授業参観と授業分析
・本学教育学部で開講されている教職に関する科目の授業を参加、授業分析を行う
・国内の大学の優れた教職に関する科目の授業を参観し、授業担当者にインタビューを実施する
・海外の主要大学の教育学部の授業を参観し、授業担当者と教職課程カリキュラムコーディネーターにインタビューを実施し、関係資料を収集する

2009年度
①「教職授業プラクティカム」の実施
・2008年度の教育実習の反省に基づき、担当教員の指導のもと、授業シラバスと指導案を改善し、学外の実習協力校においても教職授業プラクティカムを行なう
・授業検討会を開催し、「教職実習レポート」を作成する
・教育委員会等の教員研修会等に参加し、講師の補助者としてインターンシップの授業を行う

②国内外の教職に関する科目の授業参観と授業分析
　本学および国内外の大学における教職の授業を参加し、授業分析を行う
③「教職教育ポートフォリオ」の作成と最終発表会
　これまで受けた授業や教育実習、国内外の授業参観、教職実習レポートなどを１冊のファイルに収録したポートフォリオを完成させ、最終発表会で未来の大学教師としての自己成長の過程を発表する。他大学の大学教員、教育委員会職員等による指導助言と評価を受ける
④国際シンポジウムの開催
　国内外の著名な研究者を招聘して本プログラムの成果を報告し、総括を行い、評価を受ける

2　Ed.D 型大学院プログラムを引き継ぐ教職 P の特徴的な取り組み

　前項で概要を説明した Ed.D 型大学院プログラムは、2009 年度をもって文部科学省による補助事業としての取組を終了した。2010 年度以降、Ed.D 型大学院プログラムを大学独自の取組として引き継いだのが教職 P である。その実際については、第Ⅰ部を参照されたいが、以下では、Ed.D 型大学院プログラムから継承された特徴的な二つの取組について、改めて触れておきたい。

①教職授業プラクティカム

　博士課程 2 年次と 3 年次に行う教壇実習としてのプラクティカムでは、履修生 1 名に対して、指導教員が 3〜4 名（科目担当教員 1 名、教育指導を担当するプラクティカム指導教員 2〜3 名）で指導にあたる。このプラクティカム指導教員は、2 年間を通して同一の履修生を指導する。履修生は、教育実習を行う予定の教職関連科目の TA を担当しながら、日頃の授業の様子や内容を把握し、指導教員の助言を受けながら教育実習の準備を進める。教育実習の前後には、履修生が作成した指導計画について議論をする事前検討会と、実習授業の反省を行う事後検討会が開かれる。指導案や授業をもとに議論をする中で、専門分野が異なる教員や履修生の見解や授業

第Ⅲ部 「先生の先生になる」教育プログラムの取組:その意義と課題

観に触れることにより、多角的な授業改善が促進される場として設定されている。なお、実習授業の準備や撮影等は、授業者以外の教職Ｐ履修生によって主体的に行われている（現在の教職授業プラクティカムについては、第７章で教職Ｐ履修者の経験とともに詳細に紹介・検討されている）。

② **教職教育ポートフォリオ**

博士課程後期３年次生は、教職Ｐの総仕上げとして「教職教育ポートフォリオ」を作成する。ポートフォリオの編成内容は、次の通りである。

まず、授業理念として「教職に関わる担当授業を通して、どのような教師を育てたいか」を言明する。そして、そのために、シラバスや指導案、実際の授業や評価方法にどのような工夫を取り入れたいと考えているのかを説明する。また、そうした授業理念が３年間の教職Ｐでの学習や活動とどのように関わっているのかを説明して、自らの成長について評価する。その際、「教職授業プラクティカム」における指導案や配布資料、それ以外に本プログラムの履修過程で作成した学習成果（レポートや論文）など、評価を受けるうえで考慮されるべきものがあれば、ここに収録する。この「教職教育ポートフォリオ」は、履修生が一方的に作成・提出して評価を受けるものではなく、提出するまでの過程において、担当教員からの指導や助言を得ながら内容の検討が重ねられ、最終的に合格と判定された履修者には「サーティフィケイト（本プログラムの修了証明書）」が授与される。

以上二つの取組以外の正課カリキュラム―「教員養成学講究」「大学教授学講究」などの新設科目―も、Ed.D型大学院プログラムから教職Ｐへと継承された。しかし、海外視察や国際シンポジウム等のプログラム開発に向けた研究活動は、教職Ｐ移行時に一旦途絶えることとなった。ところが、教職Ｐ以降後、プログラム内部のまったく別の文脈から、履修生による新たな形の共同研究が生まれることとなった（詳しくは第８章を参照）。2018年現在、共同研究の形やプログラム上の位置づけはさらに変化しており、また諸外国へと目を向けた研究活動も活発化してきている。

3 教職Pの実際とこれから

　広島大学大学院教育学研究科の場合、博士課程後期を終えた後、研究者を養成することを主たる目的とする研究系の大学よりも、教員養成系大学に就職していくケースが多い。その上、就職してすぐに教職関連科目を（場合によってはかなり多く）担当することを求められる。それらの授業を構想するときには、自分はどのような教師を育てたいのか、育てるべきなのか、あるいは自分自身はどのような大学教員を目指すのかといった問いが頭をもたげてくる。そうであるにもかかわらず、大学院生の間には、それらを立ち止まって考える時間を取りづらいのが現実である。また、大学院生の間に教壇に立ったり、他者の授業を参観したりする機会もそう多くない。さらに、大学院生自身が学生であるために、「学生を育てる視点」を意識することが難しい。

　教職Pを受講することにより、以上のような点を克服し、大学院生から大学教員へとスムーズに移行することができる———。とは簡単にいかないかもしれないが、自分自身の授業実践を振り返る視点や、学生の理解度を確かめる方法など、授業改善に関する基本的な視点やスキルを向上させることにはなるだろう。また、自身の「授業理念」や「授業哲学」を早い段階で練り始めることは、研究者として教育を担う態度の形成にも寄与しうるのではなかろうか。

　既に述べたとおり、教職Pで行われる事前・事後検討会では、教職授業プラクティカムをさせていただく科目の担当教員だけでなく、別の教職科目担当者がTA指導教員として加わり、議論が行われる。ともに教育学研究を生業とする教職科目の担当者間であっても、専門分野による微妙な見解の違いが浮き彫りとなり、それが授業や研究の改善に繋がることもある。

　また、教職Pでは、大学院生が「プログラムを運営・改善する視点」と「プログラムに参加する視点」の両方に力を注いでいる点に特色がある。プログラムの運営に関しては、各年度の担当教員の願いや思いに依る

第Ⅲ部 「先生の先生になる」教育プログラムの取組：その意義と課題

ところもあるが、基本的には大学院生の主体性によって活動が継続されている。大学院生それぞれが教職に関する知識を身につけたり、授業の質を向上させたりするだけでなく、プログラム自体を改善する取り組みも並行して行ってきた。それが、毎年継続して行ってきた共同研究の成果なのである。これまで、教職Ｐの取り組みの独自性と課題、そして今後目指す方向性を見極めるために、教職Ｐ修了生へインタビュー調査を行ったり、「育てたい教師像」という視点から教職授業プラクティカムにおけるPDCAサイクルを見直したり、事前・事後検討会のあり方を省察する研究を行ったりと、多方面から活動を行ってきた（より具体的には過去の教職Ｐ報告書を参照のこと）。それらを外部へ発信する取り組みも少しずつ始め、それに伴って研究内容も深化してきたように感じる。

　以上のような取組内容と、取組への姿勢を大切にし、継承していくために、今後も大学院生が主体性を発揮できる仕組みづくりが期待されよう。ただし、それぞれの研究活動が個業化してしまうことを防がなければならない。教職課程担当教員の組織的な養成プログラムとして、より高い質を求めるために、現状のプログラム内容や運営方法にこだわらず、常に改善の視点を持って活動を進めていくべきだと考えられる。

（前田　舞子）

第7章 「先生の先生になる」ための教育プログラムの現状と課題

　本章では、「先生の先生になる」ための教育プログラム、とりわけ「Ed.D型大学院プログラム」から「教職P」への変遷を経て、プログラムがどのように運営・実施されているのかを描いてみたい。本章では、最近のプログラムの取組の中でも、2016年度後期に実施された七つのプラクティカムのうち三つのプラクティカムを分析の対象とし、事前検討会・授業・事後検討会という一連の取組がどのように実施されているのかを検討し、現時点での「プラクティカム」を軸とした同プログラムの実践的意義と課題に言及したい。

　本章で取り上げる三つのプラクティカムは、2016年11月16日に「西洋教育史」講義で実施された増田の学内プラクティカム、2017年2月6日に「教育方法・技術論」講義で実施された岡村の学内プラクティカム、および2016年11月29日に「教師論」講義で実施された相馬の学外プラクティカムである（以下、それぞれのプラクティカムを増田P、相馬P、岡村Pと略記する）。なお、それぞれのプラクティカムで作成された「指導案」・「授業配付資料（授業プリント、パワーポイント資料、ワークシート等）」・「板書」などについては、広島大学教職課程担当教員養成プログラムのホームページより閲覧可能であり、本章で言及される「展開1・2」や「前半部分・後半部分」といった講義展開・内容および授業の概要については指導案を参照していただくことで、より具体的にその詳細に触れることができる。

第Ⅲ部　「先生の先生になる」教育プログラムの取組：その意義と課題

第1節　事前検討会における目標
―内容―方法―評価の明確化と授業構想の共有―

1　事前検討会の枠組みと検討される指導案

　教職Ｐの教職授業プラクティカムでは、教擅実習本実習の一週間ほど前に一時間ほどの事前検討会を行い、指導案の検討を通して、授業の目標の検討、および目標に対して、適切な内容・方法で講義が計画されているかが吟味されることとなっている。教職授業プラクティカムでは、各実習生につき、Ph.Dの研究指導教員とは別に二名の教員（プラクティカム指導教員）が指導を担当することとなっており、事前検討会は主に実習生とプラクティカム指導教員との間で日程調整され、授業提供教員やプログラム担当助教、そしてプログラムの履習生をはじめとする大学院生が参加する。

　そこで配布される資料は、授業のシラバス、授業の指導案、授業で使用予定のプリントやテキスト、スライド等が挙げられる。なお指導案には、当該授業の目標、授業の展開と受講生の活動（所要時間も含む）、具体的な教育方法（発問内容も含む）が記載され、検討材料としてその授業の基本情報（科目名や科目の目標、受講生の情報）が記されている。事前検討会の司会は、通例プログラム担当助教が行い、実習生からの資料と指導案の説明をうけて、実習生への質疑と応答が行われ、改善案が検討されることとなる。

　増田Ｐは、Ph.D上の指導教員でもある三時眞貴子教員が担当する「西洋教育史」の講義にて行われることとなった。授業の対象であった近代の教育制度の成立について授業提供教員は「システムとしての教育の社会的機能を理解することは、教育史を学ぶ上で基礎・基本となる重要な箇所である」と捉えている。また「近代イギリスにおける子どもと教育の歴史」は増田の専門でもある（資料1参照）。岡村Ｐは、「教育方法・技術論」の講義にて、授業提供教員である吉田成章教員と共同で第13・14回の2コマ続きの実習を行うこととなったため、事前検討会前に、他の実習生以上

に授業提供教員と綿密な検討が重ねられていた。実習は、通例1コマ（90分）である。講義では、アクティブ・ラーニングをめぐる政策動向から実践的課題が取り扱われ、ジグソー法による学生の活動の時間が多く取られた。そして、相馬Ｐは、広島文化学園大学の「教師論」の講義にて、学外プラクティカムを行うこととなり、実習先及び広島大学内において二度の事前検討会が行われた。講義は、子どもの教育的ニーズについて学ぶことを通して、現代の教育を取り巻く状況を理解し、教師としての在り方を学生に問うものであった。

2　事前検討会で何が問われたか

事前検討会で問われる内容は次の四点に大別される。一点目は、当該授業の目標それ自体が妥当であるか。二点目は、授業の目標に即した教育内容が選定されているか。三点目は、その内容を教えるために適した教育方法が採用されているか。四点目は、その授業の目標達成の程度をどのように評価するか、である。この四点は「目標―内容―方法―評価」という四観点から捉えることができ、講義計画はこの四観点に関わって検討がなされる。

増田Ｐでは、「西洋教育史」の受講生に一年生が多いということもあり、どこまでの内容を学ぶことを到達点とみるかという目標と内容、どういった説明をするかという方法が問われた。指導案では、「公教育」に対する学生のイメージを問うことが重視されていたため、授業の導入へつなげるための問いへの応答予想を綿密にする必要があることが確認された。また、学生を混乱させないためにも、授業に出てくる概念を明確に示す補足説明の必要性や、授業のなかでいくつか小括を行うことで学生の理解を促すことが確認された。

> **教職授業プラクティカム・コラム①**
> **〜プラクティカムという経験〜**
> 私は、教職プラクティカムを通して、二つの授業を担当させて頂くこと

が出来た。一つは、教職科目に該当する「教育の思想と原理」（2016 年度前期）、もう一つの担当授業は「西洋教育史」（2016 年度後期）である。とりわけここでは後者の「西洋教育史」の授業について、プラクティカムを通して得られた成果や課題、そして今後の教職プラクティカム演習の中で、想定される課題を中心に報告したい。

はじめに「西洋教育史」の授業の概略について触れておきたい。この科目は広島大学教育学部第五類教育学系コースの選択基礎科目の一つである。受講生は学部 1・2 年生が中心の授業である。「西洋教育史」の授業は、「古代ギリシャから現代に至るまでの西洋教育史に関する基本的な知識を習得し、歴史的な視点から教育について考察する態度を身に付けること」を目標としている。私が授業を担当させて頂いた講義内容は「公教育制度の成立」である。講義内容のどの部分を担当するのかについては、授業提供教員との調整の上で、私の研究関心に近い部分でもある「公教育制度の成立」について担当させて頂くことが出来た。

私のプラクティカムで大きな挑戦となったことは、自分の研究関心と密接な領域を教えられたことによって、自分の「教えたいこと」と「教えなければならないこと」をどのように調整し、授業を行うのかであった。事前検討会では、授業内容に関する議論が中心的に行われ、そこから得られた知見を基に、非常に多くの時間を授業準備に費やしたが、プラクティカム当日やその後に行われる事後検討会を振り返ると、反省すべき点をいくつか残していた。さらに私は授業のテーマの中で、自分が「教えたいこと」を何に置くのかを意識して授業を組み立てたが、教職授業プラクティカム全体を振り返ると、私の授業が「教えたいこと」と同時に「教えなければならないこと」を加えた二つの要素から構成されていると気づかされたのは、非常に驚くべきことであった。

私が学内プラクティカムを通して得られた様々な課題は、次年度に予定している学外プラクティカムを行う際にも大きく影響するであろう。特に学外プラクティカムは広島大学以外の大学で授業を行うため、自分の授業スキル不足という課題を念頭におきつつ、学外プラクティカムに臨みたい。

（増田　圭佑）

岡村Ｐでは、当該授業の目標の一つである「アクティブ・ラーニングの理解」を達成するために、「政策動向」と「学校現場の実状」のどちらの内容に重点を置くべきかが検討された。さらに、授業後半で取り扱われる「メディア」を学生がジグソー法で学んでいくという計画に対しては、内容と方法との組み合わせの妥当性や、２コマ続きで講義を行う際の前半パートと後半パートの区切りと結合のあり方が検討された。

　相馬Ｐでは、まず実習先での検討会において、「クラスの雰囲気はどのような感じか」など、「学生の実態」を確認しながら授業内容が検討されていった。また、用いられる教材や学生の活動といった授業における内容・方法についても問われていった。

３　事前検討会の意義

　事前検討会で参加者から質問や意見を得ることによって、実習生は自らの授業構想を再考し、授業の目標自体を変えることもあれば、教育方法に工夫を凝らしたり、教育内容の量や質を変えたりするなど、様々なレベルで授業を洗練させていくことになる。三つのプラクティカムにおける具体的な変更内容については次節で取り上げたい。

　ここで付言しておきたいのは、事前検討会は、検討会参加者が授業の目標・内容・方法・評価を共有・共創する場にもなっていることである。すなわち、事前検討会では実習生から指導案や資料の具体が示されることによって授業構想が修正されることだけにねらいが置かれているのはなく、プラクティカムに関わる参加者がその講義・授業・プラクティカムの目標や課題をあらかじめ認識した上で授業の観察に臨むことの意味である。例えば岡村Ｐでは、指導案とともに「実習で目指す点」・「注意する点」が提示されており、実習生の課題を知ったうえで参観を行うことが参加者自身にとっての課題としても確認された。その意味で事前検討会は、実習生自身の課題意識に応えるためのプラクティカム参観者の課題を明確にする機能も有していることになる。

第Ⅲ部 「先生の先生になる」教育プログラムの取組：その意義と課題

第2節　プラクティカムの実施、およびその記録と解釈

1　事前検討会後の指導案や教材の改訂

　事前検討会からプラクティカムの実施までの間に、実習生たちは指導案や教材の改訂を行う。増田Ｐでは、公教育制度の成立に関する基礎的な知識を扱う前半部と、学校サービスの質的拡張に関する後半部という二部構成となっていたが、事前検討会では主に前半部の内容が論点となり、指導案への改訂も前半部に集中している。中でも、事前検討会の時点では前半部の小括の内容と間接的にしかつながっていなかった学生への発問を、より効果的に関連づける問いに改めている点は注目に値する。というのも、この改訂が、事前検討会の記録にある「授業で一番盛り上げたいところはどこか」という問いを踏まえてなされたと考えられるからだ。増田自身が自らの研究関心に関わる後半部に力点を置きたいと言及していることからも、前半部の小括の仕方が重要となるのである。実際、この点は事後検討会においても検討されている。一方で岡村Ｐの場合は、授業の構成上計画が固定されている箇所も多かったが、スライドの表記など学生に情報が伝わりやすいように内容が変更された。

　相馬Ｐでは、全体的に情報の呈示の仕方という面で改訂が施されていたのが特徴的であった。例えば、書籍からの引用を多用していた部分に自身の言葉で改めて具体的なまとめを挿入したり、1枚のスライドに示されていた内容を2枚にわけたりといった改訂である。これは、スライド1枚あたりの情報を簡略化することで、各スライドの役割を明確化していくプロセスと言い換えることができる。実際、事前検討会における相馬のメモには「情報量が多い」「わかりやすい問いにダウンサイジング」といった記述が残されており、示すべき情報の整理を意識的に行っていたことが伺える。こうした意識に至ったのは、相馬が受講生をどのように見とるのかを課題としていたためであったと考えられる。というのも、相馬が最終的に授業で使用した指導案には、事前検討会の際には話題に上らなかった学

第7章 「先生の先生になる」ための教育プログラムの現状と課題

生がもっているであろう教師観への言及がなされており、かつ、授業を通じて問い直しを迫る対象が「通常教育」から「私たちが暗黙裡に抱いている『通常教育』という発想」という表現に改められているなど、学生を意識した記述が増えているからである。これは、学外プラクティカムという特性も関わっていると考えられるが、相馬自身のふり返りや事後検討会の議論を見ると、相馬自身の課題意識に起因しているといえるだろう。

2　授業の中での即興的対応

実習生が意識する授業課題は、授業の準備段階ですでにある程度具体化されている。しかし実際に授業を行う際には、これらの即興的な修正が求められる。以下では、授業の中において実習生が即興的な対応を行っていた場面に着目することで、重視されていた授業課題や教材解釈について具体的に検討する。

増田Pでは、時間的な制約の中で授業課題を達成するための即興的な対応がみられた。授業開始時に配布資料が受講者全員に行き届かないトラブルによって授業の進行に遅れが生じたが、増田は学生自身・同士で考えるグループワークの時間を削ることなく時間を十分に確保しようとしていた。特に、「展開2」のグループワークの場面では学校医療サービスに関する写真に対する問いを、「何が行われている場面なのか？」と「子どもたちは誰に連れてこられたのか？」との二つに細分化し、それぞれに時間を設けていた。時間的な制約があるにもかかわらずこのような作業を行ったのは、増田自身が自らの研究関心に関わる後半部に力点を置いていたことと関係している。

岡村Pでは、学生の状況に応じた指導展開の柔軟な変更がうかがえた。例えば、「展開1」の場面では予定していたワークシートの記入作業を省略していた。これは、岡村が授業提供教員による授業の導入を聞いている学生の「反応が不活発」だと判断したためであった。また、学生の活動中には、各グループを回りながら学生の考え方や注目点を聞き、メモを取っていた。これはクロストークを展開する際に即興的に学生の発言に対応す

るための取り組みであった。ジグソー法を用いた本授業での活動は学生の状況に応じて流動的なものにならざるを得ないと想定されていたため、指導展開も柔軟に変更されていったのである。

相馬Ｐでは、指導案通りに進めずに即興で講義提供の省略を施し、指導展開を変更した場面がみられた。具体的には、映画「場面５」の視聴が省略され、特別なニーズを持つ神田さんの存在と岡野先生の教師としての関わり方について相馬の考えを伝える時間に置き換えられていた。ここで着目すべきなのは、時間的な制約のために内容が単に省略されているのではなく、授業課題に基づいて必要な要素が取捨選択されているということである。相馬Ｐにおいては、学生が自分自身の教師像を捉え直すという授業課題を重視するため、内容が即興的に修正されていったといえる。

3　学生への期待によるコミュニケーションの変化

この三つのプラクティカムはいずれもグループワークを授業に組み込んでいたため、実習生と学生との関わりのあり方やその質にも着目したい。とりわけ各プラクティカムの受講生は、教育学講座の学生、教育学部以外の教職課程の学生、広島大学以外の学生、というようにそれぞれ異なっている。こうした受講生の所属や特性の違いが、プラクティカムにおける実習生のコミュニケーションのあり方に反映されている点が重要である。

増田Ｐでは、「問いの提示→グループワーク→問いの回収」という構成で授業が進行し、学生に考えを積極的に発言することを期待する関わりがみられた。問いを提示する際に写真を用いたのは、「歴史的な内容」だけではなく「歴史の見方」を考えてほしいという増田の意図によるものである。また、各グループのキーワードとなる発言を黒板に書き出してまとめ、それと対応させながら自身の研究関心に関する内容を説明する場面が多く見られた。増田自身の研究関心を授業に還元することが、研究者養成の側面を持つ教育学講座の学生にとって意味があると捉えられ、それが学生との関わり方に現れていたといえる。

岡村Ｐでは、教職課程の学生を想定して授業が構成されており、「（学生

第7章 「先生の先生になる」ための教育プログラムの現状と課題

が）実例に出会ったときに分析できるようメタ概念を作っておくこと」が念頭に置かれていた。ジグソー法を用いたのは、アクティブ・ラーニングの一つの体験としてだけではなく、教員を志す学生らに「メディア」という概念の捉え方を考えさせるためでもあった。そのため、実際の授業においても、その目的を学生に明確に伝えようとする場面が見られた（コラム②参照）。

相馬Ｐは「学外プラクティカム」であったため、広島大学以外の大学の学生であることが強く意識されていた。相馬自身が「学生との向き合い方や学生観の鋭さが問われる」と言及していたように、実際の授業では学生との応答関係を構築しようとする様子が多くみられた。例えば、授業開始時には、教育実習・介護等体験実習の経験の有無や特別支援教育の理解について尋ね、学生の状況を把握するための発問をしていた。また、ワークシートへ記入する作業の際には、「そのまま写すのではなく、皆さんが理解した形でまとめてほしい」と促し、学生の思考を授業者が妨げないようにしていた。さらに、グループの話し合いを共有する際には、受講生全員の方を向いて発表してほしいという意図から授業者の立ち位置を調整していた。このような細かな配慮が行われることで、学生との応答関係を構築しようとしていたことがうかがえる。

教職授業プラクティカム・コラム②
～授業者の挑戦：内容と授業技術の二つの視点から～

　D2年次後期でのプラクティカムⅡでは、「教育方法・技術論」16コマのうち3コマ分で教壇に立たせていただいた。この科目は4名の教員によるオムニバスで、教育学部を含む6学部・約500名が4教室に分かれて受講する。ターム制での授業であるため、各教室2コマ連続、2週ずつ教える仕組みとなっている（4コマ×4教室：8日間）。本科目で授業提供教員（吉田成章）が担当した内容は「情報機器の取り扱いを含む」部分であり、2016年度は「アクティブ・ラーニング」と「メディア」について2コマずつ配分して4コマが構成された。第4コマで試験を行い、25点分の記述設問はピア評価を行わせることで、試験回答時間もこのテーマを学ぶための

授業として位置づけられていた。筆者は4コマの構想・授業資料・授業展開を授業提供教員と共同でつくりあげていく機会を得た。

筆者は教育哲学研究室に所属し教師教育者の専門性開発を研究テーマとするため、「教育方法・技術論」は自身の専門の範疇から外れる。しかし、教職課程担当教員となるためのプログラムという特性を踏まえて、敢えてプラクティカムの対象として本講義を選択した。アクティブ・ラーニングは以前にオーストラリアの大学教員から大学教授法として1週間の集中講義で学んだことがあったが、「メディア」の講義内容の構想にはかなりの教材研究を要した。最初の教室（理・工学部）では全4コマを観察した。観察で注目した点は、授業内容の精選と組み立てである。観察を通じて自分なりの授業構成、すなわち前半2コマでジグソー法を用いてメディア概念を導入し、後半では教育方法としての「メディア」・教育技術としての情報機器の取り扱いに繋げるという構成が見えてきた。この構成は、同時にアクティブ・ラーニングの持つ教育方法論的意義と課題について考察することも狙うものとなっている。

次の教育学部2・3類教室では、2コマ目のジグソー法のテーマおよび授業資料の作成に加えジグソー法での授業展開も担当し、3コマ目にジグソー法の「意図開き」を行った。この3コマ目が、時間配分や講義内容の強調の仕方といった自分の学術的知識・授業技術両面の未熟さに正面から取り組む契機となった。筆者の授業者としての改善点は、この未熟さの対処法として教師としての「思い」を「説得的に」話す傾向にあることが明らかとなった。具体的には、学生の発言を学術的に評価できず、それ故に、授業過程において学生の発言を適切に位置づけることができない時がある。こうした授業が停止する一瞬を動かそうとするときに、筆者は授業者としての思いを話してしまう。教職科目の目的を果たすべく学術的知識を高度化させ（教材研究を深め）、それを土台として学生の発言を授業に適切に位置づける即興性を持つこと。筆者自身のプラクティカムの課題はこの時点でこの2点に焦点化された。

反省点が明らかになることと、その改善方法が分かることは、別である。そこで三つ目の教室である教育学部4・5類では、授業提供教員による同じテーマ・資料によるジグソー法の授業展開を観察した。一方でこの教室では授業提供教員に代わって、アクティブ・ラーニングとメディアの二

つの講義を行わせていただいた。観察時に明らかになったのは、評価材のクラスでの共有のあり方である。毎授業後に二人で行ってきた検討会では、回答ごとのフィードバックはできるがそれをメタ的に取りまとめてクラス全体の学習とすることは難しい点で意見が一致していた。そこで、クラスで回答をメタ的に共有する方法に工夫が必要となる。具体的には、学生が導いたジグソー法の回答を紙に記述し書画カメラを使ってクラス全体で共有するか、ミニ白板に書き教壇の白板に一斉掲示して共有するか、そのどちらが大人数の授業ではより適切かという問いとなった。三つ目の教室では授業提供教員は前者で行った。そこで最後の第4教室で行う筆者のプラクティカムでは、後者のミニ白板を使用し一斉掲示する方法でジグソー法演習をすることとした。

筆者のプラクティカムは、第4教室（総合科学部・文学部・法学部・経済学部）の前半2コマ（180分）のうち、アクティブ・ラーニングの政策動向に関わる講義（60分）とメディアをテーマとしたジグソー法演習グループ全体のまとめ（30分）に設定された。事前検討会では、政策動向ではなく具体例から授業を構成するよう助言されたが、具体例からアクティブ・ラーニング性なるものを抽出し提示できるほど教材研究が深まっていなかったため、講義内容の変更は断念した。

事後検討会では、教室前面の白板に掲示した各グループのミニ白板と各班からの学生の発表にもとづいて全体をまとめるという授業方法は一定の評価を得た。しかし、授業内容については政策寄りであり実践例が乏しいことの指摘が複数寄せられた。筆者は教育政策動向を批判的に吟味することは教師にとって必要な力のひとつだと考えている（この力を育成しようとすること自体には成功していると授業提供教員からは評価された）。しかしその一方で、学校教育「実践」の話題を提供することと講義という一つの授業「実践」を示すこととの差異と連続性はどのように振り返るべきであろうか。すなわち、筆者はジグソー法で「メディア」を教えるというプラクティカム時の講義展開そのものをアクティブ・ラーニングの一つの実践例として構想したのであるが、確かに学校教育で実践されているアクティブ・ラーニングの実践例は筆者の講義では提供していない。ただし、この「学校教育の実践を扱う」点を厳密に強調すれば、学校での教壇経験をもたない大学教員が教職課程に関与する余地や意義はどのように見出し

得るのだろうか。学校においてではなく大学での教職課程において学生が「学校教育での実践を学ぶこと」の内容と価値は何か、研究者として教職課程で教鞭をとることの積極的な意義はいかに捉えられるか。これは、本プログラムそのものが提起する課題であるとともに、プラクティカムを経た筆者自身の今後の研究・教育上の課題である。　　　　（岡村　美由規）

4　プラクティカムの記録と観察の視点

　プラクティカムには、指導案作成→事前検討会→授業実施とその観察→事後検討会→実習生のリフレクションという「授業研究」の方法が取り入れられている（北川ほか 2010、pp.25-26）。そのため、事前・事後検討会での議論がプラクティカム全体の質を規定する大きな要因となっている。さらにプラクティカムの質をめぐる検討会の質は、実習生以外のプラクティカム参加者、つまり授業観察者が授業をどのように観察・記録するかに決定的に方向づけられる。したがって、事前検討会・授業・事後検討会という一連の「プラクティカム」のあり方については、授業をいかに記録し観察するかという観点から捉えていく必要がある。

　事前検討会での議論は主に授業の流れや教材の妥当性に焦点化される一方で、実習生自身の課題意識とともに授業の観察の視点が提起される側面もある。とりわけ岡村Ｐでは、「学生の意見をメタ的に評価すること」・「抽象的事項の説明に、いかに具体例を提示できるか」という実習生自身の課題が提起され、授業提供教員からも「展開２」での実習生のグループへの関わり方が後半部分の鍵となることが提起された。これを受けて、授業の観察では、「展開２」での学生のグループ討議における実習生からの応答や声かけに着目することで、「この班では話合いのリードをする班長は自然に決まった」といったようなメモや記録がなされることへとつながっていった（コラム②参照）。

　授業においては受講生の了承を得た上で、ビデオカメラ１〜３台で記録をとることが通例であるが、どこからどのようにビデオ記録をとるのかの判断も事前・事後検討会の論点に依存している。講義中心の授業であった

第7章 「先生の先生になる」ための教育プログラムの現状と課題

図7-1　岡村Pでの観察の様子

　増田Pでは、ビデオカメラは二台とも教室後方から撮られ、主に実習生の動きがフォローされた。他方で相馬Pでは、一台は教室後方、もう一台は教室前方より撮られている。これは、相馬Pでは授業の中でのグループディスカッションの役割や位置づけが事前検討会において議論され、その重要性が認識されていたからであり、学外の実習生の授業が学生の関心をどの程度惹くことができたのかが事後検討会での議題となることが想定されていたからでもある。

　事前検討会で挙げられた授業の課題＝観察のポイントを踏まえた実際の授業の展開とその記録をもとに事後検討会での振り返りと議論がなされるといったように、事前検討会→授業→事後検討会には一貫して問われる課題もある。例えば岡村Pでは、「説得的にならず具体例を挙げながら話すことを心がけ」るという課題について、記録をもとに実際にどのような具体例が挙がっていたか、それが妥当であったかが議論された。具体例が挙げられていたのかどうかは容易に観察・記録することができるが、授業展開におけるその妥当性を検討するためには、より深い授業理解と教師教育観が参観者自身にも求められることになる。この点に着目すれば、授業の記録と観察の視点として、さらに次の二つの意義と課題を指摘することができる。

　第一に、授業の観察・記録の視点の明確化による「教育観」の検討であ

る。事前検討会において授業における課題＝観察のポイントは共有されるとはいえ、実際の授業における記録・観察の視点は観察者の「授業観」・「講義観」・「教師教育観」に依存せざるを得ない。事後検討会において授業記録を披露しながら質問やコメントとその応答を行うことは、参加者全員が自らの教育観そのものを問い直すことに開かれているのである。第二に、授業記録の蓄積である。観察者にとって自身の授業記録は、自身の授業観を反映したものであり、その変遷を示しうるものである。観察者の授業記録は、実習生に新たな視点を提供してくれるものでもある。授業記録の価値を共通に認識し、参加者が共通に参照可能なものとして授業記録と観察の視点そのものが蓄積・改善されていくことも重要であろう。

第3節　事後検討会における「省察」を意味づける枠組み

　プラクティカム終了後、「省察」のための議論の場として事後検討会が開催される。授業を行った実習生はもちろん、当プログラムの担当助教、プラクティカム指導教員、授業提供教員、授業を参観した他の教職員や院生などが事後検討会に参加する。

　事後検討会では、まず実習生が授業を終えての所感を述べ、その後に指導教員や参観者から質問や意見が提起され、議論が行われる。教員や参観者による質問・コメントが単発的に取り扱われて終了することもあるが、実習生から意見を聞かせて欲しいと問いかけられることもあれば、当該プラクティカムを越えた議論がなされる場合もある。なお事後検討会の司会はプログラム担当助教が務めることが多いが、場合によっては指導教員や授業提供教員、あるいは参観した他の実習生が担当する場合もある。事後検討会の資料としては、参観者用に用意された指導案や授業資料に加え、学生への配布物や学生からの「感想シート」などが実習生から提供される。事後検討会はおよそ1〜1.5時間で実施される。

　事後検討会は、本実習終了直後に行われる場合と、本実習から数日空けて開催される場合とがある。前者の場合には、学生からのコメントをその

場で読みながら、授業のイメージが会の参加者の間で保たれたまま検討を行えるメリットがある一方で、その分析や省察は検討会後の課題となることが多い。後者の場合には、学生からのコメントや授業記録に目を通す時間的余裕が生まれるため、実習生なりの省察が行われた上でより多様な意見が交流される場として事後検討会を進めることができる一方で、授業の観察メモや授業記録が不十分な場合には曖昧な記憶にもとづく印象批評に終わることも少なくない。事後検討会の開催日時は、基本的にはこの両者のメリットとデメリットを考慮した上で、プラクティカム指導教員や授業提供教員の都合と参加者の都合とが勘案されて決定される。

1　指導案および授業資料とそれらを基礎づける概念の教育学的理解

　授業の内容や実習生の意図が学生に伝わったかどうかという点は、省察されるべき重要な対象である。それゆえ、例えば相馬Pで授業の前半（「特別な教育的ニーズ」の説明）と後半（子どものニーズに向かい合う教師）との関連が論点となったように、指導案や授業資料の構成が事後検討会において問われることになる[1]。

　その際、特に実習生の概念理解が省察される。というのも、概念に対する理解は授業を構成する前提だからである。相馬Pでは、「ニーズ」概念の捉え方が論点となり、特別支援教育の領域に関心のある他の実習生と相馬とのあいだで議論がなされた。その上で指導教員および授業提供教員からは、授業で用いている言葉が難しく、学生に伝えるために「自分の言葉で説明できていない」という指摘がなされた。

　このように授業の内容に関しては、指導案および授業資料を省察の対象として、実習生の学問的理解、さらにはその概念理解を学生に説明する

---

[1] 増田Pでも、授業の前半（ボランタリズムに基づく公教育の成立）と後半（国家介入による公教育の制度化と拡大）との関連、岡村Pでも、授業1コマ目（アクティブ・ラーニング導入の政策的背景）と2コマ目（教育における「メディア」についてのジグソー学習）との関連が論点となった。

「自分の言葉」にまで昇華できていたかという点が、省察の内容として問われることになる。

2　学生対応と教授行為の実際にみる「授業観」と「学生観」

事後検討会においては、授業における方法が次の二点を対象として省察される。一点目は「学生が授業に集中しやすい環境が整えられているか」という観点であり、二点目は「授業内容の深い理解を促しているか」という観点である。

一点目に関して、例えば増田Pでは、教室の照明・空調の管理、スライドに掲載した資料の明るさや比率、遅刻者への対応、といった受講学生への配慮に関する課題が指摘された。また二点目に関しては、授業の前半と後半を接続する発問で学生にどのような課題意識を喚起しようとしたか、受講学生にどのようなメモを取らせたいか、またそのための情報提示や上述した実習生の授業内容への解釈は妥当であったか、という点が論点となった[2]。

これらの二つの意味での方法は、実習生が学生に対しどのように授業に臨むことを期待し、そのために実習生がどのような手立てを用意するか、という授業観や学生観と連続している。したがって、事後検討会における方法に関する省察では、実習生の一つ一つの細かな学生対応のあり方や教授行為における意図が問われ、その背後にある授業観と学生観が省察の内容として問われることになる。

3　プラクティカムへの「参加」のあり方と授業の記録・解釈の問い直し

前節で述べた二点は、授業の質を担保するという、省察されるべき基本

---

[2] 相馬Pでも、授業環境という意味で、学生との応答関係におけるプリントの配り方や「目を合わせる」ことで学生の学習状況を観察することに課題が指摘され、また教授行為の工夫としては、ビデオ教材の取り扱い方やそれに基づく議論の進め方が論点となった。また岡村Pにおいても、授業環境および教授行為にまたがって、ジグソー法を行う際の議論の進め方に関する細かな配慮に課題が指摘された。

的な点である。しかし、この二点を論じる視角は、プラクティカム参加者の「参加」のあり方にも規定されている。

例えば岡村 P では、授業参観者の参観の仕方が論点となった。参観者がもつ観察の焦点が実習生の授業力向上に重点を置くか、あるいは受講学生にとってより意味のある時間にすることに重点を置くかによって、授業における参加者の振る舞い、記録の中身、記録の解釈は大きく異なることがこの授業を参観した教員から指摘され、教職 P の院生としてどのような立場を取っているのかが問われた。

この指摘にあるように、事後検討会においては、教職 P に対するそれぞれの参加のあり方も省察の対象となる。そこでは省察の内容として、実習生や参観者の第一次的な所感を基礎づけていた思考の枠組みと自分自身の参加のあり方、さらには授業における振る舞いや記録の方法の見直しまでもが問い直されることになる。そのとき、受講学生が書いた感想シートは省察の重要な契機となる。したがって、参加のあり方と授業の記録・解釈の問い直しを批判的に行うために、感想シートをどのように位置づけるかが重要となる。

4　事後検討会における「省察」を意味づける「Ph.D と Ed.D との連関」

ここまで三つのプラクティカムの事後検討会における「省察」の対象と内容を検討してきたが、三つの省察はそれぞれ独立したものではない。これら三つは、広島大学の教職 P の独自性の一つである「Ph.D と Ed.D との連関」のなかで、相互連関的に省察されてきている（コラム③参照）。

教職 P の院生は事後検討会において、授業内容に関する Ph.D 的な考察と授業の方法に関する Ed.D 的な考察を行いつつ、同時に、その二つの前提を考察することによって、自分なりの「学問と教育の統一」のあり方に関する研究的探究の過程にプラクティカムを位置づける。この自分なりの「学問と教育の統一」のあり方の探究こそが、事後検討会における省察を意味づけるのである。

第Ⅲ部 「先生の先生になる」教育プログラムの取組：その意義と課題

教職授業プラクティカム・コラム③
〜自身の人間的課題の省察へ〜

　学外で行われる「プラクティカムⅢ」では、広島大学の学生とは「違う」学生を相手にすることになる。どのようなタイプの学生を相手にしても、きちんと授業を成立させられるということが、この学外プラクティカムの目標であると理解していた。そこで筆者は、学生の「学力水準」に注意した上で、丁寧な説明を心がけたり、集中力維持のためにノートを取る場面を多く設定したり、学生が興味を持てるような映像教材を使用したりと工夫をした。

　しかし改めて振り返ると、学生が「違う」という時、そこでは目の前の学生の「学力」に合うよう授業を調整することが問われていたのではないと思う。学外プラクティカムの本質は、学生との向き合い方や学生観の鋭さが問われる、というところにあったと感じる。つまり、彼／彼女らは授業の受け方、内容の学び方、授業者の見方も「違う」し、授業者による興味の持たせ方、授業の受けさせ方なども「違う」。当然、個々人の間でもそれらは異なる。

　筆者がこのことに気が付いたのは、「プラクティカムⅢ」を終えて、「教職教育ポートフォリオ」をまとめる過程で、特に自身の「授業哲学」や「授業理念」を考えるために今までの授業実践を振り返るなかで、であった。プラクティカム前後では、「上手く授業をする」「一回の授業をきちんと完成させる」ということに集中しがちで見えてこなかったのだが、教育者であり研究者でもあるという面を突き合わせて考えるうちに、自分自身がどのような人間と

> して学生の前に立ちたいかという人間としての課題を考えるようになる。筆者の場合、授業を綿密に計画すればするほど、学生と向かい合えなくなってしまうというジレンマがあり、そこから上で書いたような形で学生と向かい合うことができていない、という人間的課題が再認識されることになった。そしてその課題を乗り越えるために、どのような哲学・理念を持った教職課程担当教員になっていきたいかを考えていくことで、当プログラムでの学びは総括されていった。　　　　　　　（相馬　宗胤）

しかしながら、それぞれのプラクティカムは提供される科目のシラバスに制限されざるをえず、その科目を通したカリキュラム論的な省察は行われづらい環境にある。したがって、事後検討会でも 15 コマの講義全体の「目標」と「評価」についての議論にはいまだ踏み込みづらい点は今後の課題として残されているだろう。

第 4 節　「プラクティカム」を軸とした実践の意義と課題

　本章のまとめとして、「先生の先生になる」ための教育プログラムの実践の意義と課題を、カリキュラム論的視点・授業論的視点・教師教育論的視点という三つの視点から描き出してみたい。
　おおむね 15 コマからなる当該授業が教職課程全体のどこに位置づくのか、あるいは当該授業が主専攻プログラムのどこに、大学の教育理念や教員養成像のどこに位置づくのかを明確にする視点は、本プログラムでは「教員養成学講究」にて提供されている。しかしながら実際に授業を行う学生・教室を目の前にすると、あらためて当該授業をカリキュラム論的な視点から検討する必要性に迫られるのである。本プログラムで問われるカリキュラム論的視点は、おおまかに言って大きく二つあるといえる。一つ目は、実習生自身が教職課程全体に目配せをしながら 15 コマの講義構成の中での一コマの位置を明確に意識して、当該授業の構想・実践・省察を行うという意味である。この点は、本章で既に詳述してきた点である。授

業担当教員のシラバス・講義構想の中の一コマであるという制限は、プレFDとしての限界でもあるとともに、一定の制限と枠組みのもとでのみ思考・実践しうるという可能性を示してもいる。いま一つが、教職科目・授業を提供する大学教員自身のカリキュラム観に省察が迫られるという点である。とりわけ授業提供教員は、場合によっては実習生が授業をしやすいように講義構成を見直すこともあれば、自分が提供する予定であった一コマを実習生にあてがう場合（相馬P）もある。Ph.Dに向けた研究内容を授業内容へと翻案させることを促す場合（増田P）や、実習生と共同で授業展開を構成していく場合（岡村P）もある。院生にとってのプレFDという側面をもつ本プログラムの取り組みはすぐれて、授業提供教員自身の講義観や教育観を捉え直す契機となるというもう一つのカリキュラム論的意義を指摘しておきたい。

　90分の授業一コマを任されることは、非常勤講師の経験の有無にかかわらず、実習生としての院生にとっては大きなチャレンジとなる。大学の講義や授業法についての視点は本プログラムでは「大学教授学講究」にて提供されているとはいえ、実際の授業展開は教室の環境（座席配置、機器配置、受講生数、開講日時、天候、採光、空調設定、授業提供教員と学生との関係性、など）に大きく依存し、授業の成否に関わる要因のすべてに配慮することは事実上不可能だといってよい。その上でなおプレFDとしての本プログラムにおける授業論的意義と課題を明確にするためには、次の二点を考慮する必要があるだろう。第一に、授業提供教員と実習生の当該授業に込めた願いや思いや意図（授業における課題）が、具体的な教育方法にどれだけ昇華されているかという点である。本章で取り上げた三つのプラクティカムでも、授業内容を学生に提供するための授業資料・PPTスライド、あるいは学生自身のグループ議論といった活動は安易な想定（90分の時間を「もたせる」ため、学生はこのことは知らないだろうから「教えて」やろう、など）の下で設定されたものではないことをすでに描いてきた。さらに本プログラムは、教育方法の選択にはPh.Dとの関連という葛藤がいやおうなくつきまとうという、ある意味で「厄介な前提」のもとで

運営されている。だからこそ、事前検討会→授業の記録・観察→事後検討会では、こうした実習生の願いや意図を参加者が踏まえた上で、その教育方法・授業法の妥当性と有効性が検討されざるをえないことに一定の意義と課題があるといえる。さらに第二に、実習生の教育方法は、プラクティカム指導教員や授業提供教員自身の教育方法に一定程度の影響を受けるという点である。「教師は教えられたように教える（teachers teach as they were taught）」とはドイツの教授学・授業論の文献でも散見される知見であるが、大学教員の教育方法が実習生の教育方法にどう転化され、さらにどう克服されているのかが、（プレ）FDとしての側面も持つ本プログラムにおける授業論的視点として重要な意味を有している。

　教職課程の学生は、多かれ少なかれ自身の被教育経験にその教育観の多くを負っている。「教師は教えられたように教える」ことになりがちであるし、自身の学校時代の恩師の授業プリントや立ち居振る舞いを自身のロールモデルとする学生も多い。他方で、いわゆる「反面教師」を念頭に自分自身の教育観を模索する学生も一定数存在する。計画養成であれ開放制であれ、大学における教員養成はそうした学生自身の教育観になんらかの影響を与えるものである必要があり、またそうならざるをえない。こうした教師教育に携わる者としての自己とその教育観の省察は、教職Pでは「教職教育ポートフォリオ」において提供されるが、その省察自体の多くはPh.Dとの関連のもとでこの一連のプラクティカムの経験に依拠しているのである（コラム③参照）。本プログラムの意義と課題を教師教育論的視点から捉えようとした場合には、次の二点を改めて指摘しておきたい。第一に、「教職課程担当教員」という前提・設定そのものが、研究者教員を志す院生の研究観・教育観の重要なアンカーとなっているという点である。これは、他の多くのプレFDと大きく一線を画す本プログラムの特色でもあり、また逆に本プログラムが潜在的に孕まざるを得ないジレンマでもある。教職Pの履修と修得は、研究者教員となるために最も重要なPh.Dプログラムとは少なくとも表向きは一切連動していない。しかしながら果たして、増田Pのように自身の研究と距離感の近いプラクティカ

ムにおいても、あるいは自身の研究とは一定の距離感のあるいわゆる「教職科目」としての岡村Pや相馬Pにおいても、研究者としての自分の研究・教育が教職課程の学生の学修にとって、教師教育にとってどのような意義があるのかが絶えず問い直されることが重要な意味を持つのである。なお第二に、こうした院生によるプレFDとしての取組に伴走する大学教職員にとっても、大学における「教師教育」・「教員養成」のあり方を問い直す視点を提供するという点である。そのカリキュラム論的意義と授業論的課題についてはすでに述べてきたとおりであるが、とりわけ院生のプラクティカムを通じて垣間見せる学生の反応や教職への「まなざし」には見るべき点が多い。端的に言えば、院生による授業提供に対する学生の反応は、きわめて実直でストレートなのである。おもしろく意義があるものには素直に応答を示し、そうでないものには容易にそっぽを向くのである。こうしたプレFDとしての実践の意義から、大学における教師教育・教員養成そのもののあり方を捉え直す視点やきっかけを見出すことが、「先生の先生」たろうとする我々自身の課題ではないだろうか。

【付記】

　本章は2016年度の教職P担当助教である久恒拓也を中心とした検討会での共同討議に基づいて執筆しているが、節単位の分担としては第1節を安喰、都田、増田、松尾が、第2節を岡村、正木、松田、藤村が、第3節を相馬、佐藤、山田が、第4節を吉田が執筆し、コラム①・②・③については執筆者名を末尾に記した。なお、執筆者名の掲載順は、吉田以下は本原稿執筆時点（2017年3月末）での博士課程後期の学年・50音順である。

（吉田　成章・安喰　勇平・都田　修兵・増田　圭佑・松尾　奈美・岡村　美由規・正木　遥香・松田　充・藤村　晃成・相馬　宗胤・山田　直之・佐藤　雄一郎）

第8章　Ph.D型プログラムとEd.D型プログラムとの交差
―その意義と課題―

第1節　プログラムで大学院生は何を学ぶのか

1　教職Pの潜在的カリキュラム

　本節のタイトルは「プログラムで大学院生は何を学ぶのか」である。ここでは少し趣向を変えて（後述する筆者らと教職Pの関わり、教職Pにおける筆者らの役割を考慮して）、教職Pのねらい、各講義、プラクティカム（教壇実習）、ポートフォリオといったそれぞれの正規課程のアクティビティなどに込められた公的な内容ではなく、教職Pの「隠れたカリキュラム（hidden curriculum）」に焦点を合わせてみたい。「隠れたカリキュラム」とは、潜在的カリキュラムとも呼ばれるもので、学習する主体が実際に学んでいる内容を指す（浅沼2012、p.88）。本節の文脈に引きつけると、学習の主体、ここでは教職P履修者の主観的な意味付けを探ることによって、教職Pの「隠れたカリキュラム」を描出する。幸いなことに、こうした教職P履修者の生の声は、毎年編纂・刊行され、筆者らの手元にも郵送されてくる『教職P報告書』にふんだんに盛り込まれている。本節では、これらの報告書に盛り込まれた記述ならびに筆者らの日常の経験を手がかりとしながら、次の六つの「隠れたカリキュラム」を提示してみたい。すなわち「大学の先生の仕事って研究だけじゃない」「教職Pで授業がうまくなるんじゃない」「大学生って一様じゃない」「主体性を回復せよ」「みんなで捏（つく）ねる環境こそが大事」「一蓮托生―現職の大学教員にとってのFD―」の六つである。以下、各項にて詳しく説明しよう。

　なお、筆者の塩津は、「Ed.D型大学院プログラム」の第一期修了生4名の

うちの一人である。もう一人の筆者の牧は、教育学講座で２年間勤務し、2011年８月から、前任の塩津の後を引き継ぐ形で、およそ８か月間、教職Ｐの運営を担当した。

２　大学の先生の仕事って研究だけじゃない

　従来、大学院博士課程在籍中の学生は、もっぱら研究活動を中心とした生活を送っており、従来必要とされる授業力の養成については等閑視されてきた。また、これまで大学教員の授業力は、意図的・計画的に養成されていたのではなく、非常勤講師等の経験を積むなど、個々人の努力に委ねられていた。教職Ｐの前身のEd.D型大学院プログラムならびに教職Ｐの履修者は、本プログラムの履修を通して、大学教員の仕事は研究だけではなく、授業が大事であるということを知る。と同時に、授業の質の向上、ひいては大学教員の教育能力の向上を重要視していない教員も少なからずいるということも知る。一例を挙げれば、Ed.D型大学院プログラムの最終報告書には「……授業担当教員はお忙しいこともあり、プラクティカム直前まで指導を受けることが出来ない日もあった」や「……授業にも反省会にもメンター教員はいなかった」という記載がある。教職Ｐ履修者は、大学の先生は、研究、授業の他にも様々な仕事があり、忙しいのだということを自ずと学んでいく。

　こうした大学教員の職務の多様性、曰く「大学教員は総合職」というのは全くその通りである。Ed.D型大学院プログラム修了生の塩津は、自らの勤務経験を振り返り、大学教員の職務の多様性を次のように語る。「大学教員の仕事は、研究活動、教育活動、社会貢献、大学の管理運営の四つに大別できる。教育活動では、Ed.D型大学院プログラムならびに教職Ｐが想定する大学生だけではなく、現職教員を対象とした授業（教育活動）への対応も求められる。たとえば、教員免許状更新講習、教職大学院、免許法認定講習、学校での指導助言など、大学教員は、これまで以上に、現職教員を対象に、授業（教育活動）を行う機会が増えている。大学教員として採用されると、すぐに現職教員を対象に授業を行う機会がある。しか

し、Ed.D 型大学院プログラム、教職 P を通して養成が期待されている授業力は『就職した大学において、大学生を対象に良い授業ができる力』であり、今後は、大学生だけでなく、現職教員を対象に良い授業ができるための力も求められている。社会貢献活動の一環として、地域の小・中学校、高等学校への出前講座などもあり、授業の対象に限ってみても極めて多様だ。また、こうした教育ないし社会貢献活動の運営にかかる会議など大学の管理運営にかかる仕事もある」と。こうした発言からは、教職 P がカバーできている範囲は、大学教員の仕事の一部に過ぎないということがわかる。

3　教職 P で授業がうまくなるんじゃない

　教職 P 修了生で現役の大学教員 2 名（X 先生、Y 先生）に対して教職 P 履修者が「実践的力量に結びつくか」について聞き取り調査を行った結果は、次の通りである（境・山口・張・久恒 2014、p.32）。

> X 先生：「就職したら十五回やらないといけないんだよ毎週。っていう実践経験には遥かに及ばないのよ。実践経験を増やすというのはあまり意味がないと思う。じゃなくて、プラクティカムを通じてどういう力を身につけるか、現場を（原文ママ）出たときに、わ〜、できないわって言ったときに、じゃ、どう改善するかというものの考え方とか、何が悪いとか分析の視点だとか、そういうものを、このプログラムで身につけておかないと、こうすればいいと実践のレシピをいくらだしても使えないと、僕は現場に出て思う。で、そういうものを（原文ママ）教育観とか、授業観とか、学生観とか、大学観の問題なんよ」（下線部は筆者による。本節では以下同様。）

> Y 先生：「授業がうまくなったとか、そういうことはないです。ないと思います。教職 P の直接の影響というものを、教職 P でつくられた態度によって、いろんな知見を学ぶようになったのはたしかで、そ

れを取り入れる時の視点が豊かになった気はする」

　また、教職 P 履修者がプラクティカム（教壇実習）を終えて感じたこととして「『ひとまずやってみた』という感が非常に強いということを述べておかねばならない。＜中略＞実際にこちらがねらったようには伝えたいことが伝わらない、あるいは大した工夫をしなくても伝わる、という体験をすること自体がとても重要であると感じている。＜中略＞自分固有の呼吸の中で行った取り組みに対する手応えこそが、その後の成長の糧になるのではないだろうか」という感想を述べている（久恒 2015、p.42）。

　以上の 2 各の聞き取りにおいて、教職 P のプログラムを通して大学教員としての授業力を格段に伸ばすような即効性のある学びが必ずしも実感されているわけではない。他方、教職 P を通して日々の授業を支えたり、改善したりするために必要な事柄を学んでいることがわかる。なお、これらは正規課程で明示的に示されていたものではないが、所期のねらいとして意識されていたようである（丸山 2012、pp.32-33）。

4　大学生って一様じゃない

　講義室に入ると学生の人数の多さに圧倒される。何人いるだろうか。前方の席がらんと空いている。そして多くの学生は後方に固まって座ってスマートフォンをいじっている。「もういいや」、講義が始まって 10 分ほど経過して、一つ目の山場を迎えていた時の学生のつぶやき。さて、読者のみなさんはこの学生になんと声をかけるだろうか？

　これは一つの例に過ぎないが、大なり小なり、似たような経験をした大学教員は多いと思う。Ed.D 型大学院プログラムの最終報告書には「……2 回目のときは講義室全体を見渡すだけの余裕を持つことが出来た。」や「受講者が多いので板書は避けた。」「大講義室での授業だったため、声が教室の奥へ届くように配慮した。」という記載がある。これは、大学院生という立場から大学教員という立場へと転換した際、初めて、学生の人数の多

さに気づいたことを示している。また「居眠りしている学生は逐一起こした」や「寝ている学生も数人いたが、『書く』作業があったため、寝づらい状況ではあったと思う。寝ている学生を起こすことについては自分の授業力の問題とも関わると思う。」という記載がある。これは「学生は寝る」もので「いかに寝させないか」といった点と関わって授業方法を工夫する必要があるということを学んでいるように理解できる。と同時に、学生が寝てしまった場合、それは学生に非があるのではなく大学教員自らの授業力が低いと理解するべきことを学んでいる。学生からの授業評価アンケート結果の中には、Ed.D 型大学院プログラム履修者の授業を受けたことで、正規の大学教員の授業がいかに優れているかわかった、という厳しい意見もあったという。おそらく、こうした経験を通して、教職 P 履修者は、学生の様々な反応に一喜一憂しないことも大事だ、ということも学んでいる。

5　主体性を回復せよ

　朝夕冷え込みが厳しい季節を迎えた 2016 年初冬、「国立 33 大学で定年退職者の補充を凍結」「国立大の財政難は超深刻」という見出しのニュースをウェブで見た。2005 年以来の運営費交付金の削減、それに伴う競争的資金制度の導入、いわゆる「選択と集中」といった大学環境が整備され、10 年が経過しつつある（小沢 2009）。こうした大学内外の状況を背景として、広島大学の教育学教室の教育系大学に勤務する研究者を輩出した実績と広島大学の教育人間科学専攻が他大学院に劣らないプログラムであることを示すといった狙いが勘案された結果、Ed.D 型大学院プログラムが産声を上げた（丸山 2012）。

　この博士課程後期の 3 年間にわたる大学教員の組織的養成の体制は、大学内外の要請に応えるものとして、他大学の取り組みに引けをとらぬ、まさに最先端の取り組みである。他方、競争的資金申請時の「大学院生にとって加重負担」（丸山 2012、p.32）という懸念は現実のものとなっていたように記憶している。筆者の牧が運営を担当した当時、教職 P 履修者は主体的に取り組むというよりは、若干「やらされている感」が漂っていた

し、実際「拘束され続ける」といった教職P履修者の回想がある（境・山口・張・久恒 2014、p.29）。これは、塩津が指摘する大学院の正規課程との関係性であり（塩津 2012、p.31）、言い換えれば「博士課程後期の三年以内に査読付き論文を揃えて学位論文をまとめる」（丸山 2012、p.32）こと、また、目に見える形での成果を出し続けなければならない競争的資金制度時代（Ed.D型大学院プログラム）の残像に起因するように感じられた。

教職P履修者は、こうした経験を通して、大学教員は自らの興味関心がある事柄を追究しているだけではないことを学ぶ。言い換えれば、大学の置かれている環境や、それへの対応から生じるいわゆる「改革」に対して、その負担の軽重を問わず、自分事として、主体性を発揮することの重要性を学んでいる。

6　みんなで捏（つく）ねる環境こそが大事

「教職Pやってるんだけど、いろんな、やっぱ自分の研究室に、ふだんは関係が限定されちゃうから、そうじゃなくて、他研究室の、先輩とか後輩といろいろ話をしながら、たまには研究の話をしたり、教職Pのグチを言ったりっていう、その集団づくりみたいなところが、一番楽しかった部分だと、パッとは思いつくね（X先生）」「……研究室の垣根を越えて、とよく言われますよね。なんか、院生同士がつながったりっていうのはよかったと思う、そのときよかった、いいなと思っていた、かなあと思います。……（Y先生）」（境・山口・張・久恒 2014、p.23）

また、筆者の塩津は「私は、オムニバスで授業を担当していますが、その際、授業の内容や進め方について同僚の教員と協議をします。一緒に何かを作り上げるには同僚性が求められますが、こうした同僚性の素地を育んだのが、教職Pを通じて経験した『研究室の壁を超えた交流』だったのかなと感じる時があります」と回想する。研究室あるいは同じ学会ないし専門領域では、往々にして同じような思考に偏りがちになるが、異なる学問領域の同輩や先輩後輩との関わりを通して、教職Pの公的なねらいである授業を問い、改善する力とも関わる、新しい視野・視座・視点を獲

第8章　Ph.D 型プログラムと Ed.D 型プログラムとの交差

得している。その意味で、教職Pの顕在的カリキュラムと潜在的カリキュラムは相互補完的とも言える。

　こうしたみんなで捏（つく）ねる環境は、教職P履修者による継続的な共同研究へと結実している。Ed.D 型大学院プログラムの時代からすでに共同研究の萌芽を確認できるが、教職P時代になってからは、教職P履修者による共同研究が定期的に行われるようになっている。たとえば、2011 年の中国四国教育学会第 63 回大会（於　広島大学）で筆者らは「これからの大学教員養成の話をしよう」というラウンドテーブルを開催した。以降、2012 年度は、第 19 回大学教育研究フォーラム（於　京都大学）において参加者企画セッション「博士課程後期学生が進める＜ FD ＞」を企画し、2013 年度は、第 20 回大学教育研究フォーラムにて、これまでの共同研究の成果や課題についての共同研究発表を行っている（森下 2014）。2014 年度は、日本教育学会中国地区研究活動として「教員養成改革に対応する教職科目担当授業への取り組み―若い教育研究者の挑戦と交流―」ならびに第 21 回大学教育研究フォーラムにて発表を行っている。大学における教育と研究の結合ないし葛藤を皮切りに、プレ FD、さらに「育てたい教師像」や教職Pにおけるリフレクションのあり方など、教職P履修者らの実践に根ざした強い問題意識に基づく共同研究が継続的に行われている（教職P報告書を参照）。

7　一蓮托生―現職の大学教員にとっての FD ―

　筆者の牧は、いわゆる旧型の研究者養成を経て大学に勤務しており、教職Pの運営を助教として担当させていただいた当時、大学と言えば、大学院生生活を通して習得したように、自ら学ぶ、独学がその大半を占めているような認識しかなかっただけに、大学教員の教育能力の獲得をねらう教職Pの取り組みには、正直なところ若干の違和感があった。とはいえ、大学の講義をより良くしようという趣旨には反対する理由などなかった。本書第Ⅱ部第 4 章第 3 節において触れていることであるが、自らが教職課程担当教員として勤務した際、教職Pの運営担当を通して、教壇実習に

参加させてもらったり、検討会に参加させてもらったり、引き継ぎの際に塩津からポートフォリオ、とりわけ授業哲学について教えてもらったりしたことが、大いなる助けとなった。こうした観点から教職Pを眺めてみると、実は、旧型の研究者養成を経た現職の大学教員の多くにとって、この教職Pに関わることそれ自体がFDの機能を果たしているとも言える。言い換えれば、教職Pは、未来の大学ないし研究者コミュニティの担い手を、現役の大学教員、研究者らが自ら育てるという運命共同体なのである。

（塩津　英樹・牧　貴愛）

第2節　プログラムにおける共同研究の意義

1　共同研究という「慣行」

　本節は、教職P受講者が行っている共同研究について述べるものである。ここで記述する共同研究は、Ed.D型大学院プログラムにおける海外・国内視察や調査等のフォーマルな取組や[1]、単位化され正課カリキュラムの一部となっている現在（本書刊行時）の共同研究[2]とは異なるものである。すなわち、Ed.D型大学院プログラムから教職Pへの移行直後にはじまった、正課カリキュラムに位置づけられていないインフォーマルな、受講者らによる「慣行」としての共同研究である。まずはこの慣行が生まれた経緯から説明したい。

　ことの発端は、2011年度に助教として教職P担当となった牧貴愛氏が、教職P受講者を呼び集めて行ったミーティングにさかのぼる。ミーティングの目的は恥ずかしながら失念してしまったが、受講者が交わした意見は、教職Pの活動をめぐって「やらされ感」や「負担感」が大きいとい

---

[1] 詳細は広島大学大学院教育学研究科編（2009）および（2010）を参照のこと。
[2] 2016年度以降、教職P受講者が実施をしている共同研究は「プロジェクト研究」という科目に位置づくこととなる。ただし、履修は教職P受講者に一任されており、教職Pを修了するための必修科目ではない。

第 8 章　Ph.D 型プログラムと Ed.D 型プログラムとの交差

うことだった。「論文執筆に日々追われているのに、講究やプラクティカムに多大な労力を費やせない」。教職 P の受講は任意だが、重装備なカリキュラムがもたらす負担により受講者がそうした感情を惹起することについて、第 6 章や第 7 章を通読されれば頷く読者がいるかもしれない。

　そのような教職 P 受講者の状況を改善し、活動を受講者にとって意義あるものにするためには、どうすればよいか。ストレス発散のため飲み会を頻繁に催すという筆者（尾川）の提案は有力だったと自負しているが、熟議の末に多くの賛同を取りつけたのが、教職 P での活動をある種の研究成果（受講者の"研究業績"）に結実させることができればモチベーションを向上させられるだろう、という先輩からの提案であった。

　大学教員として就職しようとすれば、一定の教育能力を求められるものの、研究能力を示すことがなにより重要である。そう考えると、教職 P を通じて大学の授業論を学習したり、プラクティカムで教育活動を蓄積したりするだけでなく、それらの活動経験をリフレクシブに、アカデミックな視点から検証し、学術的価値のある成果にまとめることで、研究活動としての業績をも積むことができると考えた。

　そうした魂胆ではじまった共同研究は、テーマを「教育と研究のつながり」に設定した。もはや古臭いと言われかねないが、ミーティングの議論をふまえれば至極自然な設定であった。というのも、当時の教職 P 履修者の多くが関心を寄せ、あるいは心配していたのは、個人研究と教職 P での活動をいかに統合的に、自身にメリットあるものとして進めることができるかということだったからである。

　自分たちの身に降りかかっている問題を具体的にどのような問いに落とし込み、どの角度から、何の素材を用いて探究するか。ひとまず、各学年で実施されている教職 P の受講経験をアカデミックに省察するという方法が手っ取り早いように思われた。そこで、各学年に配当された講究やプラクティカムの受講経験を資料としながら「教育と研究のつながり」をどう考えればよいのか、学年ごとに探究していくことになった。

　具体的な成果発表の方法として、大学紀要へ投稿するのもひとつの手

だったが、より多くの人に議論をひらき意見を寄せてもらいたいとの意向から、助教のサポートを受けながら中国四国教育学会でラウンドテーブルを企画した。さらに、発表に対して誰かにコメントをもらいたいと、受講者の指導教員を通じて広田照幸氏（日本大学）に登壇を依頼した。快諾いただけたので、外部評価者として教職Ｐの取り組みに忌憚のないご意見をお願いしたところ、いくつも「辛口」意見をいただくことになってしまった（広田氏のコメントは広島大学大学院教育学研究科教職課程担当教員養成プログラム（2012）に掲載されているので参照されたい）。

2　研究内容の変化、受講者の変化

　発表当日の議論は学会の発表論文集に掲載され、年度末に刊行された。「教育と研究のつながり」を研究主題とした１年を終えると、受講者が一つの研究テーマのもとでいくつかの研究グループを形成し、成果を報告するという共同研究のプロトタイプが出来上がったように感じられた。翌2012年度には教職Ｐ修了者が助教に就任し、自らの受講経験を活かして共同研究を継続し、マネジメントするようになった。

　それでは、以後の教職Ｐ受講者による共同研究とは、いったいどのような内容のものなのか。以下では、本節筆者らが参加した2011〜2013年度の共同研究[3]に着目し、共同研究がもたらしたメリットについて述べていこう。

１）履修生による教職Ｐの意味づけ

　2011年度の共同研究は、各学年で履修する講究やプラクティカムの経験から「『教育』と『研究』の結合はいかに可能か、という古くて新しい問題圏を改めて語りだしてみた」（広島大学大学院教育学研究科教職課程担当

---

[3] 2012年度以降は京都大学で開催される「大学教育研究フォーラム」で研究成果を報告した。共同研究の成果は毎年度刊行される『教職課程担当教員養成プログラム報告書』に収録され、その大部分が「広島大学学術情報リポジトリ」上でウェブ公開されている。

教員養成プログラム 2012、p.4）ものである。2012 年度の共同研究は、「両者が実際にどのように結びつくのかという部分まで具体的に踏み込んで検討することはできなかった」（広島大学大学院教育学研究科教職課程担当教員養成プログラム 2013、p.7）という前年度の課題をふまえつつ、他大学の教職課程担当教員に対するインタビュー調査や、海外の大学における教職授業のフィールドワーク[4]など、教職 P の活動経験に留まらない調査研究に発展した。

加えて、共同研究の学会発表に対する履修生のスタンスにも変化がみられた。2011 年度は、プログラム内外から教職 P の実践に対する「意見をもらおう」とする意識が強かったのに対して、2012 年度は教職 P の実践を素材として指定討論者と「議論したい」という意識が強まっていた。これらの活動上の変化には、共同研究に参加した受講者らの教職 P に対する意味づけや、課題意識の変化を読み取ることができる。

2）既存の実践に対する課題意識

2013 年度の共同研究は、それまで学年別に組織していた研究グループを再編し、学年を超えた二つのグループで実施した。具体的には、①我が国のプレ FD プログラムとの比較による教職 P 実践の特徴の明確化、その特徴にもとづく教職 P 修了生へのインタビュー、②育てたい教師像を練り上げるための枠組みの構築およびプラクティカムの検討、枠組みの反省である。これらの研究に共通する特徴は、既存の実践に対する課題意識である。たとえば、①は「教職 P の成果とは何か」を問うものであり、②は「プラクティカムの事前・事後検討会がうまく機能していない」という受講者自身の課題意識が研究の出発点となっている。2012 年度までは既存の実践にどういう特徴や意義があるかを探求するものであったのに対し、2013 年度は既存の実践そのものの問い直しを試みるものであった。

---

[4] 当時教職 P の受講者だった尾場友和氏（大阪商業大学）による、広島大学グローバルインターンシップ（G.ecbo）プログラムの活動成果の一部である。第 5 章第 2 節参照。

第Ⅲ部　「先生の先生になる」教育プログラムの取組：その意義と課題

3）研究内容を深めていくプロセスの意義

　2013年度以降も含めて概観すれば、教職Ｐの共同研究の内容にはいくつかのパターンがみえる。それは、履修者自身による省察、修了生へのインタビュー分析、他国や他機関との比較、プログラム内容の充実である。前年度から継続する内容もあれば、まったく新しい内容もある。教職Ｐの共同研究では、研究内容そのものが重要であるというより、履修生らが教職Ｐにかかわって研究したいことを明確にし、それが教職Ｐにとってどういう意義を持つかという視点で研究内容を深めていくプロセスに意義があった。このことの含意は、本節の最後に触れることになる。

3　共同研究により形成された「横のつながり」と「縦のつながり」
1）研究室を超えた大学院生どうしの「横のつながり」

　では、研究内容の変化以外の側面で共同研究がもたらしたメリットとは何だったのだろうか。第１に指摘すべきは、研究室を超えた大学院生の「横のつながり」が豊かになったことであろう。研究の「蛸壺化」は教育学分野も例外ではない。分析や執筆に追われて研究室に引きこもりがちな大学院博士課程学生のキャンパスライフにおいて、専攻分野を異にする院生が研究室を超えて定期的に顔をあわせ、特定のトピックについてアカデミックに議論する場（会議室のときもあったし、居酒屋のときもあった）が設けられたことの意味は大きかった。

　大学院博士課程の学生にとって、自らが専攻する学問分野に固有の知的枠組みを習得し、それを基盤とする研究主題を探究することは何より重要である。しかしながら同時に、自身の専攻分野の特質をより明確化するプロセスにおいて他分野との対話が不可欠であることを、研究コミュニティに属する人間は否定しないであろう。単に学科や専攻を越えてゼミに参加したり、多様な学問的背景を擁する研究会に所属したりすることに比べて、教職Ｐ受講者が対話を行うことの特質は、研究面のみならず自身が研究者として行う教育活動や教育観のオリジナリティは何かが問われる点にある。自身の授業は学生にどのような思考を求めるのか、どのような視

第 8 章　Ph.D 型プログラムと Ed.D 型プログラムとの交差

点から教材研究を行うか。それらは、いかなる大学教育観や教員養成観に根ざしているのか。教職 P の共同研究によって形成された「横のつながり」による議論は、共同研究内部にとどまらずプラクティカムなど正課カリキュラムの活動にも還元され、自身の教育観・授業観を鍛える基盤となった。

「横のつながり」は、大学院修了後もテーマを変えて共同研究を行うグループが現れるなど、各人のその後にわたる研究活動に影響を及ぼしている。何を隠そう、本書刊行の企画自体が修了者のつながりによって練られたものなのである。

2）教職 P 受講者の学習・研究資源としての「縦のつながり」「斜めのつながり」

　第 2 に、学年を超えた「縦のつながり」が形成された点を指摘しておきたい。この業界、同じ研究室の先輩後輩の関係性は強いものの、たとえば異なる研究室の「2 コ上」の先輩とはほぼ話したことがない、などのケースはままあるだろう。共同研究はこうした状況に変化をもたらし、専攻分野を異にする先輩後輩の「縦のつながり」あるいは「斜めのつながり」の形成を促進した。

　すでに述べたように、2013 年度以降の共同研究では学年を超えた研究グループを組織するようになった。当時の担当助教（森下）には、履修生らが他学年に遠慮しながら議論をしているようにみえた。アカデミックな議論の場にはそぐわないが、しかし自分の専門ではない（誰の専門でもない）内容について研究室が異なる他学年と議論をすることに、受講者は戸惑いを感じているようであった。

　この状況では当然、議論が一向に進まないという事態に陥る。議論の停滞を積み重ねるうちに、受講者間で「この部分は研究の意図と違うので、この視点から書き直してほしい」などの「要求」が出せるようになった。このような他学年との関係形成は、単純に同じ学科の先輩後輩ではなく、難しさ・困難さを共に乗り越えた「研究仲間づくり」であったといえるだ

ろう。

　付言すべきは、こうした学年間のつながりがプログラム受講期間中の一過性のものではないことである。現在の受講者は、他大学に就職した教職P修了者を対象にインタビューを行ったり、学会発表に招いて議論したりしている。共同研究は、教職Pによって形成された「縦のつながり」「斜めのつながり」を維持し、後輩受講者の学習・研究資源として機能させているのである[5]。

4　共同研究にみる教職Pの「隠れたカリキュラム」

　以上のメリットをもたらした教職Pの共同研究は、たしかにインフォーマルな慣行に過ぎなかった。しかし、そもそも本節のようにリフレクシブに語りうる経験を積むよう受講者の意識と行動を水路づけた点は、教職Pの「隠れたカリキュラム」だったといえる。

　このようにいう場合、教育者として準備することの重要性を訴えたEd.D型大学院プログラムと教職Pが、しかしながら研究志向の大学院博士課程において常に歓迎されたわけではなかったという葛藤状況が実は重要であったことに気づかされる。共同研究は、はっきりいえば、どうしたら個人の研究発展に支障をきたさずに教職Pにコミットできるかという、受講者内部での損得勘定からはじまった。このような問題や損得勘定は、大学院博士課程における研究志向の風土抜きには生じえない。また、他大学で実施されているような単発ないし短期のプレFDや授業スキル講習においても生じにくいだろう。Ed.D型大学院プログラムや教職Pは3年間という長期のカリキュラムを敷設することで、受講者からの主体的・持続的な関与を必要とし、またそれを受講者に要求した。この要求への応答が共同研究による教職Pでの活動の"研究業績化"だったわけだが、プログラムの特質と対峙し、活動参加のインセンティブを共同的に創出するよ

---

[5] 教職P修了者と受講者とのかかわりについては、正課カリキュラムにおいても限定的ではあるが、学外プラクティカムの授業提供という文脈において機能している。

第 8 章　Ph.D 型プログラムと Ed.D 型プログラムとの交差

う受講者らを水路づけた点には、教職 P の潜在的カリキュラムを見出すことができる。

　さらに、共同研究の内容には、正課カリキュラムをも含めて「何のために、何をどう行うか」ということに関する受講者自身の問いが反映されていた。この問いへの応答過程は、正課カリキュラムの枠組みこそ大きく変えることはなかったが、正課カリキュラムでの具体的な活動内容やその意味を受講者自身がとらえなおし、再構築しようとした過程でもあった。このことは、第 7 章で論じられたような、プラクティカムを軸とした教職 P の充実にも寄与しているといえよう。総じて、教職 P は、プログラムをとりまく環境との相互作用（研究志向との葛藤）を通じて、受講者の利害をめぐる戦略的な主体性（共同研究の推進）を引き出しつつ、正課カリキュラムを自己再帰的に改善する機能をも備えるに至ったのである。

　近年、大学院博士課程における教職課程担当教員の養成機能が注目され、大学教員自身の教育力や実践力などの力量形成が強調されている（中央教育審議会 2012, 2015）。研究能力より教育能力が大事だと言わんばかりの論調が幅を利かせようとするなかで、教職 P は研究も教育もできる大学教員の養成を理念に掲げ、二つの能力の同時育成を謳ってきた。しかし、それを具体的なメリットとして実感しづらかったために受講者らがはじめたのが、共同研究であった。教職課程におけるティーチングに関する理念的・実践的な研究に取り組むことで、受講者は研究能力と教育能力という二つの能力開発を統合的にすすめることの意義を、それぞれの立場や視点で感じることができた。

　共同研究のなかで生まれ、鍛えられてきた問いと応答の経験は、各自の置かれた環境においてどのように研究者として、教育者として生きていくかというキャリア形成の基盤となりえる点で、長期的効果を有すると筆者らは認識している。この認識の正否を検証するには修了者である筆者らがさらに大学教員キャリアを積む必要があるだろうが、第 4 章のライフストーリーなどに効果の片鱗を感じられるように思われる。

第Ⅲ部 「先生の先生になる」教育プログラムの取組：その意義と課題

5 FD、プレ FD における「多様な応答」の保障

とはいえ、「だから教職 P の共同研究は大事だ」と豪語するつもりは毛頭ない。教職 P 受講者の顔ぶれは毎年違い、受講者の意識も多様なので、インフォーマルな慣行としての共同研究には「参加しない」という意見や共同研究の実施自体を再検討する動きは現れて当然だった。そのことになんら問題はないと、筆者は考えている。むしろ「今まで先輩がやってきたのだから、今年も何かやらないと……」というように共同研究が他律的に運営されるようになった時点で、教職 P の「隠れたカリキュラム」は本節の記述とは真逆の機能を発揮してしまうだろう。

本節冒頭で触れたように、2016 年度以降、教職 P の共同研究には単位が付与されるようになり、Ph.D プログラムの正課カリキュラムに位置づけられた。インフォーマルな慣行がフォーマルな学習へと制度化された現在、教職 P が受講者から「何のために、何をどう行うか」という問いを引き出しつつ、多様な応答を保障する場としてあり続けるかは重要な論点であろう。各人の多様な立場や視点にもとづく応答が、研究者として行う教育活動の理念やオリジナリティを洗練し、クオリティを高めると考えられるからである。

FD やプレ FD において肝要なのは、最終的には受講者の授業改善に対する意思や向き合い方であろう。しかし、本節の文脈で最後に提起したいのは、授業改善に対する多様な向き合い方、多様な応答を保障するプログラムの探究もまた必要ではないか、ということである。多様な応答を保障することは、一方で「授業改善に無関心で、取り組まない」ことをも許容できるか、というジレンマを呼び込むかもしれない。他方で、授業改善の取組が強制的で画一的、陳腐な授業スキル志向に堕すことなく、研究者としての洞察に満ちた省察過程であるためには、そうしたジレンマへの対峙が不可避だと思われるのである。というよりむしろ、FD やプレ FD のプログラムを改善する重要な契機ととらえるべきではないか。教職 P をめぐる風土や風向きが教職 P それ自体の改善にとって重要だったという筆者らの経験は、この意味において、FD やプレ FD 一般に対しても示唆的

ではないだろうか。

　　　　　　　　　　　　　　　　　　　　（尾川　満宏・森下　真実）

第9章　三つの視点からみたプログラムの評価と課題

第1節　教員養成の観点からみたプログラムの意義と課題

1　大学教育改革と教員養成改革との交差

　本節の目的は、教員養成の観点から、教職Pの意義と課題を明らかにすることである。

　2007年からスタートした「先生の先生になる」と銘打った広島大学の「Ed.D型大学院プログラム」および教職Pは、将来の教職課程担当教員の養成を目的とする先駆け的な取組である。この取組は、大学教育改革の文脈と教員養成改革の文脈とが交差するところに位置するものである。

　教職Pは当初、大学教育改革の文脈、とりわけ大学教員準備教育（プレFD）の観点を強く意識して、その取組を進めてきた。この観点からすると、教職Pは、プレFDの中でも教員養成に特化している点で、また、3年間という長期的スパンで大学教員の卵を育てる点で特徴的である。

　その一方で、教職Pは当初、教員養成改革の文脈をあまり意識していなかった。教員養成担当の大学教員として必要な資質・能力は何なのか、どのような資質・能力を本プログラムは形成すべきなのかについての議論を深めないまま、その取組を展開してきた。しかし、取組が進むにつれて、教職Pの意義や目指すべき方向性をあらためて確認しようという課題意識が履修生（院生）たちの中から生まれた。そして、「教職Pの経験が教職課程担当の大学教員として入職してからどのように役立つのか・影響を与えたのか」に関する修了生へのインタビュー（履修者による共同研究）を幾度か実施し、その成果を報告書にまとめてきた。その中で、教職

第9章　三つの視点からみたプログラムの評価と課題

課程担当教員として必要な、どのような資質・能力を教職Pは形成してきたのかを明らかにしようとしてきた。

本節では、教員養成の観点、すなわち教職課程担当教員として必要な資質・能力の形成という観点から、これまでの報告書（平成24、25、26年度）の成果と先行研究等の知見を照らし合わせながら、プレFDである教職Pの意義と課題について明らかにしたい。

2　教職Pはどのような資質・能力を形成してきたか

まず、プレFDである教職Pはどのような資質・能力を形成してきたのかを確認したい。

報告書（履修者による共同研究）によれば、教職Pを通じて、授業に直接的に役立ちうる知識・技能を習得しているわけではないし、「授業がうまくなった」という実感も得ていないと修了生たちは言う（境・中居 2014, p.32）。しかし、長期（3年間）の履修期間を通して、授業をおこなう直接的・技術的な力量を支える資質・能力、すなわち、「教職課程担当

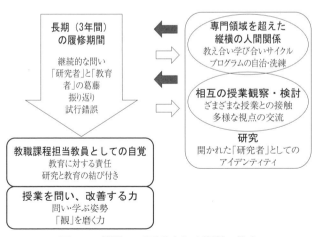

図9-1：教職Pで形成される資質・能力
出典：境・中居（2014）、p.42の図に加筆して

教員としての自覚」と「授業を問い、改善する力」を形成している。図9-1は教職Pで形成される資質・能力をモデル化したものである。

①教職課程担当教員としての自覚

　教職課程担当教員としての自覚は、教員養成に携わる大学教員に必要な資質・能力の土台に位置づくものである。これは、「教師教育者」研究が重要視するアイデンティティの問題（「研究者」であることと「教師教育者」であることとの葛藤、実務家教員であれば「教師」から「教師教育者」への移行、等）と深く関連する。

〈教育に対する責任〉

　教職Pの履修生たちは、教育学の各専門領域（教育哲学、教育史、教育社会学、教育行政学など）を専門とする大学教員になることをこころざし、博士論文の執筆をめざして博士課程後期に進学・入学している。そして、論文執筆や学会発表などを通して、クリティカルな思考を養いながら、「研究者」としてのアイデンティティを形成している。

　そのような志向性をもつ教職Pの履修生たちは、本プログラムの中で、「研究者」と「教育者（教師教育者）」との葛藤やジレンマを強く経験する。その葛藤やジレンマを通して、教職課程担当教員としての自覚や問題意識を深める。そのなかでも、「教育に対する責任」の深化は重要である。

　ある修了者の事例によると（境・相馬2015）、教職Pに参加するまでは「教育活動はあくまで研究者に課せられた業務の一つという認識に過ぎず、自分はあくまで研究者である」という認識が強かった。しかし、教職Pへの参加後、研究者（現場経験のない自分）が研究者として大学教育を担うことについての問題意識が芽生えた。その後、授業観の変容をもたらした大きな経験は最初の教壇実習（プラクティカム）である。自分が伝えたいこと・教えたいこと（自分の研究的関心・内容）を主軸とした授業をおこなったが、それに学生が関心を示さない「へこまされる経験」に直面した。それ以降、学生にとって有意義な学びを考えることをかなり意識するようになった。さらに就職後は、教育実習の担当となり、「学生を送り出

す学校現場への責任感」を明確に意識するようになったという。
〈研究と教育の結びつき：知識の伝達者から創造者へ〉

　「研究者」を志向する履修生たちは、教壇実習の際に、自身の研究的関心・内容（教えたいこと）と教員養成として教えるべきこととの乖離に悩む。とくに、教職課程担当教員の役割を「教師として働くために必要な既存の知識や考えの伝達者」と捉えたときに、教育（授業）と研究の乖離は大きくなる。

　これに対し、教職Ｐは「研究を深めることが教育（授業）の充実につながり、それがさらに研究を深めていく」という考え方を重視している（森下 2013、pp.29-31）。「教職Ｐでは、教師を育てるにあたって最低限押さえておかなければならない知識や考えはあるが、それらをそのまま『伝達』するのではなく、自らの解釈や視点を加えることで、自分なりの授業を『創造』しようとしている」。つまり、「社会に対して新たな知見を創造していく役割を担うべきである『研究者として、研究者の視座で』授業を考えようとしている」。授業を考える際に、「自分の背景にあるものの見方や学問観に気づいていき、そのことを通して、今後の教育や教育養成のあり方についての自らの考えを深めていく」（同上、pp.30-31）。

② 授業を問い、改善する力
〈問い・学ぶ姿勢〉

　教職Ｐでは、自身の教壇実習だけでなく、履修生同士がお互いの授業を見合ったり、授業検討会を繰り返す。その経験のなかで、「将来教師となる学生に何を伝えたいか」「この授業を通してどのような教師を育てたいか」「これを学ぶことが学生にとってどういう意義があるか」「この内容をどういう意図をもって行なうのか」（森下 2014、pp.41-44）など、問い続ける姿勢や授業の観方が培われる。「多くを問い、学ぶことによって、正解は分からなくなるが、その分、問いが深くなり、新しい授業方法の吸収もよくなる」（境・中居 2014、p.32）。

〈「観」を磨く〉

多くを問う経験を通して、教育観、教職観、授業観、学生観、大学観、研究観、学問観など、「観」を磨く。「観」を磨くことは、「授業をする際、学生を目の前にしたときに、具体的な授業内容や方法をいかに構想するか、そして、授業がうまくいかないときに、いかに授業を改善するか、といったことに関わってくる。」（同上、p.32）

なお、「授業を問い、改善する力」を培う上で重要なのは、教壇実習の回数ではなく、毎回の事前と事後の省察の深さ、他者と共同で行う批判的検討である（同上、pp.30-31）。

③専門領域や学年を越えた人間関係・多様な視点の交流

上述の二つの資質・能力の形成は、「教育哲学」「教育史」「教育社会学」「教育方法学」「社会教育学」「教育行政学」「教育経営学」「幼児教育学」などの専門領域（研究室）や学年の垣根を越えた人間関係や交流によって支えられている。

従来は、細分化した各専門領域に閉じこもって、閉じた「研究者」のアイデンティティを形成してきた。これに対し、教職Pでは、「教育観、学問観が異なるメンバーと共に一つの授業について議論をすることで、それぞれが自らの教育観、学問観を明示化していき、そのことを通して今後の教育や教員養成のあり方をかんがえていく」（森下 2013、p.31）。つまり、他の専門領域に対して、また教師教育に対して、開かれた「研究者」のアイデンティティを形成している。

3　教職課程担当教員の資質・能力の形成に関する先行研究等のレビュー

上述のような資質・能力を形成している教職Pは、教員養成の観点から、どのような意義と課題をもつと言えるだろうか。その観点を明確化するために、教職課程担当教員の資質・能力の形成に関する政策文書や先行研究のレビューをおこないたい。

わが国において、教職課程担当教員の資質・能力の形成への関心が高

第9章 三つの視点からみたプログラムの評価と課題

まったのは比較的近年のことである。政策的には、教育職員養成審議会の第三次答申『養成と採用・研修との連携の円滑化について』(1999年) で「教職課程の充実と教員養成に携わる大学教員の指導力の向上」という節が設けられ、FD の積極的な実施の必要性が示された。そこでは、次の問題点が指摘されていた。

①教員養成教育の中で教科の専門性(細分化した学問分野の研究成果の教授)が過度に重視され、教科指導を始めとする教職の専門性がおろそかになっている
②教員の研究領域の専門性に偏した授業が多く、「子供たちへの教育」につながるという視点が乏しい
③教職課程が専門職業人たる教員を養成することを目的とするものであるという認識が、必ずしも明確な形で関係者に共有されていない
④教職課程においても知識中心の教育が支配的であり、学生の課題探究能力を育成する教育が十分行われていない

その後、中央教育審議会答申『教職生活の全体を通じた教員の資質能力の創造的な向上方策について』(2012年)、『これからの学校教育を担う教員の資質能力の向上について』(2015年) において、教職課程担当教員の養成や実践的な内容や新たな教育課題に対応したFDの必要性が指摘された。
学会では、日本教育学会第70回大会ラウンドテーブル「教員養成における教師教育者(教師教育を担うのは誰か?—教師教育者の専門性を考える—)」(2011年) が企画されたり、日本教師教育学会をはじめ「教師教育者」に関する研究が次第に興隆している(山崎 2014)。そこでは、「教師教育」は複雑で困難な専門的な仕事であり、すぐれた教育学の研究者であるからといって、また、すぐれた実務経験のある(元)教師であるからといって、すばらしい教師教育ができるわけではないという認識のもと、「教師教育者」としてのアイデンティティを確立し、その専門性を明確化する必要性が論じられている(武田 2017)。

第Ⅲ部 「先生の先生になる」教育プログラムの取組：その意義と課題

さらに、国立教育政策研究所『国立大学教員養成系大学・学部において優れた取組をしている大学教員に関する調査報告書』(2014)は、研究や政策文書において教員養成担当の大学教員に求められる資質・能力が具体

表 9-1　教員養成担当の大学教員に求められる資質・能力

教員養成担当の大学教員固有に求められる資質能力	大学教員一般に求められる資質能力
教員養成担当者としての自覚 学校現場での教育実践と関連付けた授業の実施 実践と理論の往還型のプログラムのデザイン 教育実習など体験と関連付けた授業の実施 『学習』に対する新しい知見	授業のデザイン 学生とのコミュニケーション 授業やカリキュラムの改善 学生同士が教え・学びあう仕組みづくり 学生への評価とフィードバック 同僚とのコミュニケーション 研究知に基づいた授業の実施

※国立教員養成系大学・学部の学長・学部長から推薦された「優れた教員養成の取組をしている人」(81名)にアンケート調査を実施した。表 9-1 は、教員養成担当の大学教員に求められると想定する 23 の資質・能力のうち、「とても必要である」と回答した率が 5 割を超えたもの。
[出典] 国立教育政策研究所 (2014) より作成

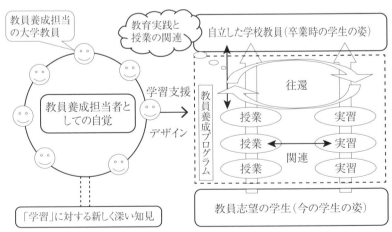

図 9-2　教員養成担当の大学教員に求められる資質・能力のモデル
[出典] 国立教育政策研究所 (2014) より作成

表9-2 教員養成担当の大学教員に求められる資質・能力の形成を支援する望ましいFD

①	教員養成担当の大学教員としての自覚を高め、教員養成における立ち位置を理解するプログラム
②	協働性を高めるプログラム
③	「学習」に対する新しく深い知見を高めるプログラム
④	学校現場を理解するプログラム
⑤	教員養成という観点に基づいた授業・実習改善や学生理解についてのプログラム

［出典］国立教育政策研究所（2014）より作成

的に明確化されていなかったという問題意識から、調査結果をもとに、その資質・能力（表9-1、図9-2）とそれらの形成支援のためのFDの在り方（表9-2）を提示している。

4　教職Pの意義と課題

　以上のような先行研究等の知見に照らすと、教員養成の観点から見た教職Pの意義として、次のことが挙げられるだろう。

　第一に、「教師教育者」としての成長の基盤となる資質・能力である「省察力」を形成していることである。教職Pは、前述の国立教育政策研究所『調査報告』が示した教員養成担当者（教職課程担当教員）に求められる資質・能力（表9-1）のうち、「教員養成担当者としての自覚」、「同僚とのコミュニケーション」などを中心に形成している。そのことを図9-2のモデルを借りて説明すると、モデルの右側（四角の部分）を意識した教壇実習（プラクティカム）を通して、モデルの左側（円の部分）の資質・能力を形成していると言えるだろう。その際に注目すべきことは、表9-1や図9-2に示されていない「授業を問い、改善する力」の形成に教職Pが力点を置いていることである。自らの教育観・教職観・授業観を問い改善する資質・能力の形成は、「省察力」の形成と言ってよいだろう。「教員養成担当者としての自覚」も「同僚とのコミュニケーション」も、授業を問い、改善する探究・省察の中で生まれる。こうした省察力が「教師教育

者」としての成長の基盤である。

　第二に、教職Ｐは、「研究者」としてのアイデンティティを基盤として「教員養成担当者としての自覚」を育てていることである。ただし、その「研究者」としてのアイデンティティは、「教師教育者」と対立する閉じたものではない。「研究を深めることが教育（授業）の充実につながり、それがさらに研究を深めていく」という開かれたアイデンティティである。クリティカルな思考で知識を問い創造する存在としての「研究者」というアイデンティティの高まり・深まりが、「授業を問い、改善する力」（省察力）と結びついている。

　第三に、ＦＤの在り方について、院生相互の授業観察・検討や共同研究を継続的におこなう教職Ｐは、教職にとって重要な特性である同僚性を高めながら省察を深めるプロセスとなっていることである。国立教育政策研究所（2014）が示した望ましいＦＤプログラム（表9-2）から見ると、教職Ｐは「学校現場を理解するプログラム」を除く四つの項目を充たしている。

　次いで、教職Ｐの課題について、次の２点を挙げたい。

　第一に、「教師教育者」の役割を、教育学や教職の知識を学生たちに教えることだとのみ捉える傾向があることである。だが、「教師教育者」の役割として、教職志望の学生たちの省察を促進・支援することも求められる。教職Ｐの履修者（院生）自身は、教壇実習（プラクティカム）を通して、自らの教育観・教職観・授業観を問い、「観」を磨いて、省察力をつけている。しかし、学生たちの省察を支援する資質・能力を履修生が身につけることはあまり意識されていない。この課題に対する改善策の一つとして、教壇実習（プラクティカム）の事前検討会や事後協議会の場の意味を再確認することが挙げられる。すなわち、そこに参加している教職Ｐ履修者たちが教壇実習者の省察をいかに促進・支援するかを意識して関わること自体が「教師教育者」になるための自分の実習なのだと認識することが重要であろう。

　第二に、「学校現場での教育実践と関連付けた授業の実施」や「学校現

第 9 章　三つの視点からみたプログラムの評価と課題

場を理解するプログラム」に関して対応できていないことである。この課題に対する今後の改善策として、「教育学系大学院の博士課程を修了した後、教職課程担当教員になる者について、教職大学院と連携し、学校現場でのフィールドワークなど実践的な教育研究を経験できる取組を推進する」（中教審答申『これからの学校教育を担う教員の資質能力の向上について』2015 年）ことが考えられる。広島大学でも、2016（平成 28）年度に教職大学院が開設された。研究者教員や実務家教員とコミュニケーションしながら、教職大学院の授業のＴＡや教壇実習をおこなったり、現職教員院生の課題研究（アクション・リサーチ）を支援したりする。そうした経験は、学校現場（現職教員の思考・行動様式など）を理解するとともに、「理論と実践の往還」の意味を問う重要な学習の機会になるであろう。

（曽余田　浩史）

第 2 節　プレ FD の観点からみた「教職授業プラクティカム」の意義と課題

1　大学教員養成の取組

　次に、PFF（Preparing Future Faculty）あるいはプレ FD といわれる大学院における大学教員養成という文脈において、第 3 章や第 7 章で詳説され教職 P の目玉ともいえる「教職授業プラクティカム」の取組が有する特徴や課題について考察してみよう。

　大学院における大学院生の専門性開発（graduate student development）は、アメリカ、イギリス、オーストラリアなど各国で取組が実施されている。これらは、TA 研修から発展したアメリカの PFF と大学院教育の質保証及びキャリア支援の観点から発展したオーストラリアやイギリスの大学院生専門性開発に区分することができる。

　まず、アメリカ PFF の概要を説明する。PFF はアメリカの大学で 1980 年代に使われ始め、TA（ティーチング・アシスタント）研修から発展したものである（佐藤 2013）。アメリカの大学では、第 2 次世界大戦後、復員

第Ⅲ部 「先生の先生になる」教育プログラムの取組：その意義と課題

兵援護法や公民権法の成立を背景とした大学への進学者の急増に対応するため、大学院生を TA や講師として雇用するようになった（Border and Hoene, 2010）。そこで教育の質保証という観点から、各大学において TA 研修が実施されるようになった。その中、コロラド大学ボルダー校をはじめとするいくつかの研究大学では TA 研修を大学教員養成と位置づけ、プログラムを開発・提供しはじめ、大学院生の専門性開発に係わる教職員のネットワークが全米に広がっていった（佐藤 2013）。このような動きを受けて、1993 年に大学院協会（Council of Graduate Schools、CGS）とアメリカカレッジ・大学協会（Association of American Colleges and Universities、AAC&U）が将来の大学教員準備プログラム（Preparing Future Faculty、PFF）の実施を始めたことがプログラムとしての PFFP（Preparing Future Faculty Program）の始まりである（Border and Hoene 2010）。

　PFFP では、博士号授与機関である研究大学を中心として周辺高等教育機関とのクラスターが作成され、所属大学、提携する高等教育機関の双方で教育活動に従事するという仕組みになっている（吉良、2008）。大学教員としての役割と責任を認識させ、大学教授職への準備をすることを目的とするため、教育能力の獲得だけではなく、教育活動に関連する委員会や会議にも参加し、所属大学および派遣先大学のメンターに見守られながら、大学教員としての社会化を経験できるという仕組みになっている（吉良 2008、佐藤 2013）。

　次に、イギリスやオーストラリアで実施されている大学院生の専門性開発について述べる。日本と同様、これらの国では、大学院生が TA として教育活動に従事することが少なく、TA 研修をきっかけとした大学教員養成が発展する機会がなかった。しかし、教育の質保証という観点から、大学院生が学位プログラムを通じてどのようなコンピテンシーを身につけているかの明確化、キャリア支援という観点から、博士学位取得者のキャリアパスの多様化の促進に対する必要性が浮上し、様々な支援プログラムが開発、提供されるようになった（佐藤 2013）。同時に、大学教員の資格の問い直しに伴い、大学教授資格制度（ドイツやフランスにおいては従来か

第9章 三つの視点からみたプログラムの評価と課題

ら制度化）や大学教員の教育能力の資格化（特にイギリス）が進んだことの影響から、大学教員を目指す大学院生向けの大学教員養成プログラム等が提供されるようになった。

　提供内容のみを比較するとアメリカとその他の国のものに大きな違いがあるわけではないが、TA 研修を基軸とするアメリカの場合、実際に教育活動や教育活動に関連する大学教員としての職務に携わるという現場を持つことができるため、職業的社会化という側面においてはより効果的な仕組みであると言える。大学院生の専門性開発という位置づけの場合、必ずしも現場を持つ事ができないため、疑似体験や理論的な理解が主たる目的となる。

　さて、日本についてはどうだろうか。日本での取組としては、広島大学（教職課程担当教員養成プログラム、大学教員養成講座）、大阪大学（大阪大学未来の大学教員養成プログラム）、大阪市立大学（大学教育授業実習制度）立命館大学（Preparing Future Faculty（大学教員準備セミナー））、名古屋大学（大学教員準備プログラム）、東京大学（東京大学フューチャーファカルティプログラム（FFP））、筑波大学（TF 制度、職業としての大学教育、PFP プログラム）、東北大学（東北大学大学教員準備プログラム）、北海道大学（大学院生のための大学教員養成講座、高等理学教授法、TF 制度）がある。これらの取組は大きく二つに区分することができる。一つは TA 研修制度の実質化を目的としたタイプ、もう一つは FD の対象を拡大したプレ FD というタイプである（田口ほか 2013）。プレ FD には「大学院生のキャリア支援」と「大学院教育改革」の側面があることが指摘されており、広島大学の教職担当教員養成は大学院教育改革としての志向が強いとされている（東北大学高度教養教育・学生支援機構 2015）。また、これらのプログラムは大学院授業開講科目として提供されているものと、課外プログラムとして提供されているものとに分けられる。詳しくは今野（2016）を参照して欲しい。

第Ⅲ部　「先生の先生になる」教育プログラムの取組：その意義と課題

2　大学教員養成の取組との比較

　それでは実践的力量形成という視点でみた時に、これらの取組にはどのような特徴があるのだろうか。まず、これらの取組で実践的力量形成に関わると思われる部分を抜粋すると次の通りである。

・授業設計に関すること：シラバス、学習目標、評価基準、授業計画作成など
・授業実践に関すること：マイクロティーチング、模擬授業
・省察に関すること：ティーチング・ポートフォリオ、リフレクティブ・ジャーナル作成、授業実施後や参観後の検討会、メンターとの対話など

　授業設計に関する力量形成については、どのプログラムでも扱われている。授業設計に関連する理論等について学んだ上で実際にシラバス等を作成し、改善するという構造になっている。授業実践については、プログラムの位置づけによってバリエーションがあるが、多くの場合、実際に授業を実践する場が確保されていないため、マイクロティーチングによって力量形成に取り組んでいる。大阪市立大学、京都大学文学研究科プレFDプロジェクトにおいては、参加者を非常勤講師として雇用し、授業実践の場を提供している。TA制度を基盤としたプログラムでは、授業を実施できるティーチング・フェロー（TF）のポジションを作り、TFとして担当する授業実践の場を設けている。省察に関する力量形成については、特にプレFDで積極的に取り入れられており、プログラムに参加する中で考えたことを記載し、自身の教育観を構築することを目的としたリフレクティブ・ジャーナル（東北大学）や、教育や研究など大学教員として関わるであろう活動について、自分はどのように取り組んでいくのか、ということについて、これまでの活動のエビデンスなどを示しながら作成するアカデミック・ポートフォリオ（東京大学、大阪大学）の作成を実施している。その他に、授業の振り返りの手法を学ぶという意味で、授業参観、模擬授

第9章　三つの視点からみたプログラムの評価と課題

業やマイクロティーチング実施後の検討会などが力量形成の場としてあげられる。

これら大学教員養成の取組と教職Pにおける教職授業プラクティカムを比較すると、以下のような違いが見えている。

・**目指す大学教員の役割に関する理解**

　教職授業プラクティカムでは、大学で教職科目を担当する教員を育成することを目指している。すなわち、教員養成という専門職教育を対象とし、授業科目は教職課程認定基準によって規定されている。一方、本項目で示した大学教員養成の取組においては、プログラム参加者が将来採用される可能性がある大学は、設置形態や学生のタイプなど多種多様であり、採用されない限り、どういった学習目標を立て、授業を展開することが適切なのか、という点について判断できないという特徴を持つ。従って、養成段階で何に向けて準備をすればいいのか、という点、言い換えると、どこまで養成すべきで、どこからが入職後の専門性開発（新任教員研修）の扱いなのかの区別を明確につけることができない（佐藤 2013）。

・**授業内容に対する検討の有無**

　京都大学文学部、北海道大学理学院、一橋大学社会学研究科、大阪市立大学を除き授業設計や授業実践については外形的な検討に留まり、授業内容に踏み込んだ検討は難しい。これは、プログラム運営に関わる講師が高等教育研究や教育学を専門としているにも関わらず、参加者は異なる分野の大学院生等であるという特性による。京都大学文学部など、研究科や学部が運営母体となっている場合は、授業の中身についても検討されている。教職授業プラクティカムでは、同じ教職科目の担当教員が授業設計や事前、事後検討会に参加することで、内容まで踏み込んだ検討が可能となっている。

・**授業研究という手法の有無**

　日本独自の手法として開発され、学校現場で実践されてきている授業研究には、教材研究、（研究）授業、授業検討会という側面が含まれてい

る。それぞれにおいて、研究的知見に基づいた厳密かつ緻密な検討が行われ、特に学習における教師の役割や、教師であることの意味合いの認識形成が含まれることが特徴である。

　教職授業プラクティカムでは、学校の教師が経験する授業研究を用いて、自らの授業を検討する構造になっている。すなわち、授業の検討と共に、学校教師の日常を疑似体験する場にもなっている。大学教員養成の取組においても、準備、実践、検討というプロセスで授業実践に関する力量形成が行われているが、授業研究の要素を含んだものでしかなく、授業実践に関する気づきを与えるレベルに留まっていると言える。

・**専門科目以外をどう教えるのか**

　大学教員養成の取組では、自らの専門分野を専門科目としてだけではなく、教養科目として教える際に、どういった学習目標を立てるのか、さまざまに異なるレベルの大学でどう教えるのか、その際の大学教育の目的とは何か、といった点について取り扱っている。これらは大学教員という職務が抱える課題の中でも答えを出す事が難しい課題であり、そのため、教育の抱負や教育観の構築といった価値観を形成することで、実際にこれらの課題に直面した際に探求できるように準備していると言える。教職授業プラクティカムの場合、教職課程、教員免許状取得を目指す学生、というように教える内容、目的が明確な分、教職課程以外の授業を大学教員として担当する場合にどうするのか、という視点が弱い。

・**力量形成をどう評価するのか**

　教職授業プラクティカム、大学教員養成の取組の双方に共通する課題として、力量形成をどう評価するのか、という点が指摘できる。これは、これらの取組の評価ともつながる。どういった指標で、どのようにして評価を行うことで、取組の有効性の確認や改善につなげることができるのだろうか。

3　まとめ

　本節では、「教職授業プラクティカム」の力量形成に関する取組に焦点

を当て、プレ FD の文脈においてその意義と課題について検討した。大学教員養成の取組との比較で明らかになったこととして、教職授業プラクティカムの場合、目指す大学教員の役割が教職課程担当であるため、授業で扱う内容も教職課程認定基準によって規定され、対象とする学生は教員免許状の取得を目指している、といった、教育活動を考える上である程度の枠組みが存在することが特徴として指摘できる。そのため、教材や授業内容に踏み込んだ検討が可能であり、いわゆる授業研究が成立する要件がそろっている。授業研究を通じて、参加者は教育に関する実践能力だけではなく、省察力、同僚と協調、協働する力などを形成していると言える。また、重要な視点として、学校の教師が日常的に経験している授業研究を経験することで、学校教師を理解するための社会的想像力を形成することも可能である。

　残された課題としては、形成された力量をどう評価するのか、また、大学教員として入職した後に、教職授業以外の、つまり専門科目以外の授業を担当する際に、どのように授業設計をし、どのような教育観をもって授業に取り組むか、その準備をどうするのか、という点が挙げられる。前者については、評価・省察ツールとしてのポートフォリオ作成（第3章を参照）がひとつの手掛かりとなるかもしれない。これらの課題は大学教員養成の取組においても指摘されていることであり、今後、実践を通じて、新しい提案がなされることが期待されよう。

（佐藤　万知）

第3節　教職課程担当教員としての学び・変容をどうとらえるか

1　「プレ FD による資質・能力の形成」という問い

　前節でも論じられたように、「先生の先生になる」と銘打った教職 P は、将来の教員養成系大学・学部あるいは教職課程の大学教員を養成し、必要な資質・能力を形成するための、プレ FD の試みである[1]。とすれば、その資質・能力がどれくらい身についているかが、当該プログラムの

成否を判定する基準となるだろう。
　しかし、ここで書棚の最上部にしまわれていた私の「教職教育ポートフォリオ」をひも解いてみると、ひとつの不安が生じてくる。次のように結ばれているからだ。

　　そもそも「教えたいこと」は「教えるべきこと」なのだろうか。この「べき」はどこからやってくるのか。また、「教えたい」という欲求はどこからやってきて、どのように「べき」とかかわっているのか。私にとって、「教えたいこと」と「教えるべきこと」のあいだには距離がある。
　　実を言うと私は、大学や専門学校で授業をして、「楽しい」と思ったことがない。何が「楽しい」とされているのか、どうすれば「楽しい」と思えるようになるのか、今後考えていきたい。

　当時博士論文を執筆しながら教職Pに関わっていたためか、たぶんに感傷的であることは否めない。それでも私は、研究内容（教えたいこと）と実際の教員養成（教えるべきこと）との乖離に悩み、何をもって大学の授業を評価すればよいのかがわからなくなっていたようである。少なくとも私自身の振り返りでは、教職Pを通じて授業の技法を獲得したわけでもないし、自分の授業方針に自信をもてたとはとうてい言い難いということになる。
　教職Pを将来の大学教員になるための準備段階としたとき、それはプレFDとしてどのような機能を果たしているのか。私の当時の記述を見ても、また、これまでの修了生の実感をふまえても、何か明確に教育効果を語り出すことができているわけではない（境・山口・張・久恒 2014）。とす

---

[1] 「プレFD」は各大学で呼び名は異なるが、ここでは「大学院における大学教員の養成機能（いわばプレFD）」という中教審答申（中央教育審議会　2008）の記述をふまえ、総称として「プレFD」を用いることとする。

第9章　三つの視点からみたプログラムの評価と課題

るならば、教職 P はプレ FD として「失敗」なのだろうか。

本節では、プレ FD の観点から教職 P の意義と課題を探ることで、それを「失敗」とみなすまなざしを相対化し、大学教員としての成長をめぐる異なる描き方を示したい。

2　教職 P の位置―プレ FD の現状と課題に照らして―

前節では、教職 P の目玉である「教職授業プラクティカム」のプレ FD としての意義と課題を考察した。本節では、教職 P のフォーマル・カリキュラムも大学院生のインフォーマルな相互交流も含めた取組全体・活動全体を、日本国内におけるプレ FD の動向のなかに位置づけて考えてみたい。

大学でのいわゆる「FD 義務化」に伴って FD に関する研究や実践は数多く報告されてきた。他方で、前節でも触れられているように、将来の大学教員を養成するためのプレ FD は TA のあり方をめぐって議論が積み重ねられてきたものの、ここ 10 年ほどで組織的になされるようになったばかりである。たとえば、名古屋大学の「大学教員準備講座」は 2005 年に開始され、『成長するティップス先生』や『大学教員準備講座』といった成果を生み出した。また、東北大学の大学教員準備プログラムは 2010 年に開始され、大学教員のキャリア形成に応じた多様なプログラムを提供している。

京都大学では文学部の OD 問題を端緒としてプレ FD が開始され、教育工学的な視点も取り入れつつ、相互研修型 FD という特徴をもって展開されてきた。近年では、2013 年に東京大学で、2014 年に大阪大学でプレ FD プログラムが開始されている。広島大学の教職 P もこうした流れに位置づけられるが、全学的なセンターが主導するのではなく、教員養成に携わる大学教員養成に特化して展開されている点に特徴がある。

ところで、プレ FD が多様に展開される中で、その意義と課題を振り返る試みも近年見受けられるようになっている。たとえば、東京大学、名古屋大学、東北大学、大阪大学それぞれの担当者による現状分析を含んだラ

ウンドテーブルの報告（栗田 2015）では、各大学からの報告を受けて、今後の課題が4点挙げられている。①他大学での教育実践の機会の確保・提供、②TA研修とプレFDの融合、③教育力以外の能力の向上、④多様な研究領域の学生が交流できる場の提供である。

①は、プレFDを実施している大学がいわゆる研究大学であるのに対して、多くの大学院生が就職する大学は非研究大学であるという実態をふまえたものである。教職Pでは他大学でのプラクティカムが実施されており、アメリカのPFFにおける「クラスター」と類似するものとして先駆的な事例に数えあげられている（田口ほか 2013、pp.87-91）。②は、アメリカのPFFがTA研修と連動しており、TA経験が教育実践の機会であるにも関わらず、日本でのTA活用が印刷補助などの雑務をさせることに留まっているという問題を背景にしている。給与や業務面など様々な条件を整備する必要はあるものの、TA制度が優秀な大学院生への経済支援や学部教育の充実だけでなく、大学院生への教育機会の提供をも目的としているならば、TAとプレFDの融合は重要なポイントになる[2]。この点についても教職Pは「プラクティカム指導教員」を配置しており、ふだんのTA業務を行う中で、プラクティカムの授業担当者以外の教員から教育に関する助言をもらうことができるようになっている。

他方、③は研究や管理運営、職業倫理など授業力以外の部分も含めた広範な視点でプレFDを捉えていこうというものである。これについては教職Pも体系的なプログラムを作成しているわけではない。だが、全学的なセンターが主導するのではなく、研究指導の体制と不可分なかたちを取っているために、研究や職業倫理に関しては何かしらの育成が暗黙の裡に行われている可能性はある。④は、プレFDという共通項がそれぞれの

---

[2] 『広島大学TAハンドブック』を参照のこと（http://www.hirodai-ta.hiroshima-u.ac.jp/about/images/handbook_jp.pdf 2018年8月20日現在）。なお、広島大学では2016年度から、TAの研修と結びついた段階的な養成制度を開始している（HIRODAI TA）。TAとプレFDを結びつけた先駆的事例としては、北海道大学のTA制度や筑波大学のティーチング・フェロー制度が挙げられる。

第9章　三つの視点からみたプログラムの評価と課題

研究領域を跨いでいるために、「異なる価値観を持つ者同士が互いに理解に向けた努力の場」（栗田 2015、p.78）として機能する可能性を示している。第8章第2節で分析されているように「副産物」として、教職Pでは専門領域の異なる大学院生が正規のプログラムを受講する中で／共同研究に取り組む中で／飲み会などの懇親の場で交流しあい、高めあっている。

　このように教職Pは他大学で実施されているプレFDと比べても、遜色のないプログラムであると言えよう。しかし、ここでは「どのような力をどのように養成するのか」は視野に入れられていない。プレFDの効果や成否を問うためには、教育目的・方法を考慮しなければならないだろう。そこで次に、プレFDに期待されるものをめぐって、教職Pの特徴を明らかにしていく。

3　プレFDに期待されるもの―生成的な変容を視野に入れたプレFDへ―

　名古屋大学の『大学教員準備講座』や東京大学での「東大FD」の取組を見てみると、そこでは大学教員になる前に実際の授業を構想し、展開するための様々な知識や技法を獲得することが目指されているように思われる。また、愛媛大学教育企画室が中心となって作成した『大学教員のための授業方法とデザイン』においても、シラバスの書き方やアイス・ブレイクなどの技法が並ぶ。これらは、研究者になるためのトレーニングしか受けずに大学教員になってきたこれまでの大学教員養成に反省を加え、学習者の立場に立って授業を構想するためのトレーニングの機会を設けようとした点で実際的な意義を持っている。アクティブ・ラーニングのための様々な手法（クリッカーやジグソー法、PBLなど）や適切な評価の考え方（ポートフォリオ評価やルーブリック評価など）を知ることは、授業をデザインするにあたって極めて有効な手立てである。

　しかし他方で、教育者になるにあたって、学習科学に基づいた具体的な技法を身につけるだけで十分だと言えるのだろうか、という問いが頭をもたげてくる。また、そうした技法を一方的に伝達するFDのあり方が批判

第Ⅲ部 「先生の先生になる」教育プログラムの取組：その意義と課題

されることも多い。実際、FD のあり方をめぐっては、「伝達講習・制度化型／相互研修・自己組織化型」、「工学的経営学的モデル／自律型・羅生門型・相互研修型モデル」、「スタンダード・アプローチ／生成的アプローチ」といった対比的な捉え方が提示されてきた（佐藤 2012）。このうち、前者を「意図的な計画、それに基づく目標分析、研修内容配列による合理的で分析的な組織化」として捉え、それに後者を「目標にとらわれず即興を重視する研修の組織化」として対置して、相互行為型の FD を提唱したのが教育哲学者の田中毎実であり、それを実践してきたひとつの取組が京都大学文学部のプレ FD であった。京都大学文学部のプレ FD では、リレー方式でひとつの授業を複数の受講生が担当し、授業毎に検討会を開いている。他の受講者や教員から授業を見てもらい、検討会で授業改善を話しあう点では教職 P のプラクティカムに近い。

　その京都大学文学部のプレ FD では、近年、「プレ FD のプログラムが受講者のどのような意識の向上、どのような能力の獲得に寄与するのかが、明確にされてこなかった」（田中・畑野・田口 2014、p.82）という問題関心のもと、受講者へのインタビュー分析がなされている。そこでは、授業を行うことの不安を取り払ったり、授業に関する多様な方法・選択肢を学んだりすることだけでなく、単なるスキルを超えて授業を受ける学習者の立場に立って考えるという「モノの見方や考え方」（田口ほか 2013、p.198）を獲得することが、効果として語られている。受講者は「授業の実践自体やそれを遂行する諸スキルだけではなく、自己を相対化することや学生の特徴を理解することなど多面的な事柄に寄与している」（田中・畑野・田口 2011、p.85）のであり、だからこそ短期的に役立つのではなく「柔軟にそして長期的にものごとに適用できるようになる」（田口ほか 2013、p.198）力が身につくとされるのである。こうした点は、第 1 節でも指摘されているように、教職 P の効果をめぐる「多様な授業方法を知ることで授業のあり方を問い、改善する視座を得た」という語りや、「大学教員として就職した時点ではなく、その後授業改善していくために教育観や学習観といった『観』を磨く力が見についた」とする語りに類似している

（境・山口・張・久恒 2014）。

　しかしながら、ここで注目しておきたいのは、京都大学による上記の分析では「〜できるようになった」「〜の意識が高まった」「〜ということに気づいた」という記述を抽出し、分類・カテゴリー化するという方法が取られているという点である（田中・畑野・田口 2014、p.83）。ここでは、「できないことができるようになる」という進歩主義的な発達イメージが前提にされている。だが、本節冒頭で述べたように、教職Ｐを終えた私のポートフォリオや受講生の語りを見ると、そのような発達イメージでは捉えきれない変容もあることがわかる。果たしてそれらの語りは、教職ＰのプレFDとしての「失敗」を物語っているのだろうか。

　ここで教師教育の研究に視点を移してみると、教師のライフコース・ライフヒストリー分析では、学校教員のキャリア形成は直線的な成長モデルでは描きがたいことが指摘されている（山﨑 2012、高井良 2015）。時代状況や職業上の立場、個人の生活上の変化を通じて、教師は様々な葛藤を抱え、変容していく。山﨑準二は近年の教師教育改革に見られる制度化された養成・研修のあり方を危惧して、次のように述べている。

> ［教師は - 引用者注］ある一定の固定的不変的な理想像に向かって何がしかのものを獲得し続けていく姿が暗黙的理想的に描かれている「単調右肩上がり積み上げ型」の発達ではなく、ライフコース上のときどきにおいて直面する新たな困難状況に停滞や後退を余儀なくされながらも、進みゆくべき新たな方向を模索し自己選択しつつ、それまでとは違った子ども観・教育観・教育的価値観などを持つ教師として非連続的に変容していく「選択的変容型」の発達をしていくのである。（山﨑 2016、p.187）

学校教員に関する研究成果をそのまま当てはめることはできないとしても、ここで言われている非連続的な変容を大学教員の成長にも見て取ることはできないだろうか。つまり、「単調右肩上がり積み上げ型」の成長モ

第Ⅲ部　「先生の先生になる」教育プログラムの取組：その意義と課題

デルを前提にしたときには「失敗」に見える変容も、ひとつの「発達」として捉えることができるかもしれないのである。あるいは、教育哲学者の矢野智司に倣って、停滞や葛藤の中で自己の枠組みでは捉えきれない異なるものと対峙し、変容していく過程を「発達」に対比するかたちで「生成」と呼ぶことができるかもしれない。少なくとも「何がいいのかわからなくなる」といった挫折や葛藤も成長のひとつの側面として視野に入れたプレFD観があってもよいのではなかろうか[3]。その意味において、次の田中毎実の言葉は象徴的である。最後に引いておきたい。

> 教える人たちは、当然のことながら、〈どんな学生を、どう育てたいのか、そのためにどんな内容をどんな順序で、教えるのか〉について、自分たちの間で合意を調達しなければならない。この合意調達過程は、教員集団の応答的責任主体への個人的集団的生成過程でもあり、したがってそれ自体がFDである。合意の調達、教育、教育の改善の三者は、互いに絡み合いつつ相互規定的かつ循環的に、生成的に進行する。FDを、計画、実行、評価、再評価といったPDCAサイクルの―ただひたすらに前進する―「生産」的枠組みに収めることが難しいのは、このためである。（田口ほか 2013、p.105）

（杉田　浩崇）

---

[3] 急いで付け加えておかなければならないが、大学教員になるために多様な授業方法を学んだり、学習科学の成果をふまえて学習者の立場に立った授業づくりをしたりすることは有益であると私は考えている。以前、インストラクショナル・デザインを学ぶFDに参加したことがある。そこでは学生の学習活動を分けたうえで、どこまで授業者が学生に促し、あるいは求めるのかを考える手立てを学んだ。にもかかわらず、その後のFD参加者同士の協議では、この手立てをふまえることなく、互いの授業の「愚痴」を語りあうだけだった。これでは意味がないだろう。学習科学の成果は授業を構想する手立てになる。その意味では、京都大学文学部のプレFDで取り入れられているリフレクションシートなど学習科学の成果を取り入れた取組（田口・松下・半澤 2011）に、教職Pはもっと学んだほうがよいかもしれない。

おわりに
――「先生の先生」から日本型教師教育者へ――

　広島大学に教職課程担当教員養成プログラムが開設されて10年が経つ。この間、「教師教育者」という言葉を少しずつ耳にするようになってきた。プログラムの開設当初は「教師教育者」はほとんど使われておらず、「先生の先生」という言葉の方がその意味するところを理解してもらいやすかった。

　教師教育者はTeacher Educatorの訳語であり、教員養成を担う教員を指す。教員養成が教育制度上、中等教育レベルで行われる国では高校教員に相当し、大学教育レベルで行われる国では大学教員に相当する。そして、どのような大学教育を目指し、またどのような教師教育を目指しているのかによって、教師教育者に期待される役割は大きく異なる。学校で教えた経験を必須とするケースもあれば、高い研究能力を必須とするケースもある。本書は、日本の大学教育と教員養成制度にあって、どのような教師教育者教育が可能であるのか模索した実践と研究の中間報告である。10年の間に、プログラムの内容や運用方法にいくつもの変更が求められ、その都度、教員と履修生で話し合いながら対応してきた。

　本書の内容は、教職課程担当教員養成プログラムの10年間の取組を検証し、履修者の苦悩と成長を当事者の声として描き、日本の教員養成の多様な実態を再認識するものとなっている。教師教育者の養成・成長の観点から教員養成のあり方を取り上げたものとしてこれまでにない成果であろう。

　海外においても教師教育者という職種の社会的地位が注目され、多くの研究成果が出されている。教師教育の質を上げる一つの要として、求められる教師教育者の資質・能力を明らかにする動きが顕著である。教員養成が歴史的には中等教育レベルから始まり、大学へ、そして大学院へと高度化されるなか、その教員養成を担う大学教員の高度化もまた求められてい

る事情もある。一方、教師教育を大学・大学院で行うことの抵抗も歴史的・文化的事情を背景に根強く残る国もある。

　生涯を通して学び続けることのできる教員には、教材研究、授業研究、アクションリサーチなどの省察的研究等を必要に応じて自ら行えることが期待されていよう。研究のできる教員を養成するためには、教師教育者にも研究能力が求められるはずである。教職の専門職化がさらに進み、大学院レベルでの教師教育が求められ始めてもいる。

　広島大学の教職課程担当教員養成プログラムは、日本型のEd.Dプログラムの一モデルを提案するものとして注目され、多くの大学からお問い合わせいただき、視察にも来ていただいた。本取組が日本型の教師教育者養成モデルとして世界に発信できるものになるためには、さらなる検証と改善が求められるであろう。

広島大学副学長・大学院教育学研究科教授
丸山　恭司

あとがき

　本書の基盤となっている Ed.D 型大学院プログラムおよび教職 P は、従来の研究者養成中心の「Ph.D」の博士課程教育を改革し、教職課程担当教員としての資質能力を向上させる「Ed.D 型」の教育課程を大幅に導入するという考え方のもと、実践を展開してきた。この考え方は、すでにプログラムの中核となる実践が形づくられた後に教職 P を履修・修了した私にとっては、所与のものであった。しかし本来「Ed.D」は、「Ph.D」とは性質の異なるものであり、どちらかを選択して取得を目指すものである。そのため、Ed.D 型大学院プログラムの構想・実施においては、Ed.D「型」という形をとることを強く意識し、Ph.D に Ed.D 型を導入するあり方を探りながら実践を重ねてきた。あわせて、大学院生が単に TA 経験を積むことにとどまらず、Ed.D 型大学院プログラムという課程の修了を認定する仕組みをつくっている。このことは、大学院生が（特に教員養成系の大学へ）教職課程担当教員として就職をする際の大きなメリットとなる。本書の編集を通して、以上 2 点のプログラムが持っている価値を再認識した。あとがきとして、改めて強調しておきたい。

　プログラムを実施してきた中で、その成果を著書という形で公開・刊行するべきではないかという声は多くあったのだが、その実現には至ってこなかった。本書の実現に向けた動きが始まったのは、2014 年の 3 月である。Ed.D 型大学院プログラムの構想・実施において当初から中心的な役割を担われてきた丸山先生と、同プログラムの開始から 10 年という節目に刊行する動きをつくろうという話が持ち上がった。Ed.D 型大学院プログラムの構想と運営に関わってこられた先生方や修了生、そのほか関係する多くの方々がいるなかで、私と尾川くんとが声かけをして編者となることに対しては、戸惑い躊躇する気持ちが強く、今でもそうした思いがあるが、こうして無事に刊行されることとなり、心より嬉しく思う。

出版にかかわっては、科学研究費補助金「研究成果公開促進費」の申請に向けて、溪水社の木村逸司社長および木村斉子氏にお世話になりながら書類を作成し、無事に2018年度に採択されるに至った。採択後も、編集・校正に向けて多大なご尽力をいただいた溪水社のお二人に、深く御礼申し上げる。また、科研費の申請や編集事務等においては、教育学講座の吉田成章准教授および久恒拓也助教に多くのご支援をいただいた。ここにお名前を記して、謝意を表したい。

　各執筆者は、プログラムの運営を支えてこられた教育学講座の先生方と、プログラムの修了生、そして広島大学の中でもプログラムを外の立場から見ていただいている先生方から構成されている。こうした執筆者構成により、①教職課程担当教員として必要な論点の提示、②教職課程担当教員のキャリアモデルの提示、③プログラムの実際を踏まえて10年間のプログラムの発展と成果についての価値づけを行なうことで、プログラムがもつ教育学的な可能性にまで言及することができたと考えている。そして、今後プログラムが向き合っていく必要がある課題も随所で垣間見えた。さらに、本書を読んでくださった皆様からのご批正をいただくことで、新たな課題が見えてくるだろう。この点において、本書がこれからのプログラムの発展の一助となれば幸いである。

森下　真実

引用・参考文献

【第1章】
第1節
千々布敏弥、1994、「玖村敏雄の教育学観について」『教育経営教育行政学研究紀要』第1号、pp.57-65。
船寄俊雄、2007、「日本の教員史研究」教育史学会編『教育史研究の最前線』日本図書センター、pp.131-138。
久恒拓也、2015、「新制総合大学における小学校教員養成体制の実態―東北大学教育学部学生の履修分析から―」『日本教師教育学会年報』第24号、pp.94-104。
久恒拓也「戦後の「大学における教員養成」理念の実体化―東北大学の小学校教員養成体制の検証を中心に―」広島大学、2016年、博士論文。
国立教育研究所編、1974、『日本近代教育百年史 第4巻 学校教育2』教育研究振興会。
野口援太郎、1922、「師範教育への批判 師範教育の変遷」、寺﨑昌男編、1973、『教師像の展開』国土社、p.395。
佐藤学、2015、『専門家としての教師を育てる―教師教育改革のグランドデザイン―』岩波書店。
戦後日本教育史料集成編集委員会編、1982、『戦後日本教育史料集成 第一巻』三一書房。
下中弥三郎、1920、「教育再造（抄）」寺﨑昌男編、1973、『教師像の展開』国土社、p.395。
高橋寛人、2010、「CIE の会議報告書からみた占領初期における教師教育改革」『戦後教育史研究』24、pp.1-16。
高橋寛人、2016、「CIE 教師教育担当官カーレーの会議報告から見た占領下の教師教育・教員免許制度改革―1948年1～6月における改革動向―」『横浜市立大学論叢人文科学系列』vol.67、pp.45-87。
TEES研究会編、2001、『「大学における教員養成」の歴史的研究―戦後「教育学部」史研究―』学文社。
寺﨑昌男編、2003、『「文検」試験問題の研究 戦前中等教員に期待された専門・教職教養と学習』学文社。
東北大学教育学部、1956、『学生便覧 昭和31年』（学内刊行物）東北大学史料館蔵。

東北大学教育学部 50 年史編集委員会編、1999、『東北大学教育学部 50 年の歩み』東北大学教育学部。

東京学芸大学編『教員養成養育の評価等に関する調査研究報告書』教員養成評価プロジェクト、2014 年。

豊田徳子、2010、「戦前期の日本大学高等師範部における中等教員養成―無試験検定制度による養成―」『日本大学史紀要』第 12 号、pp. 35-69。

土屋基規「開放制教員養成の原則と戦後の教員養成改革」日本教師教育学会編『教師をめざす―教員養成・採用の道筋をさぐる』学文社、2002 年、pp. 79-88。

山田昇、1965、「師範学校制度下の「教育」科に関する考察」『和歌山大学教育学部紀要（教育科学）』15、pp.39-62。

山田昇、1970、「教育刷新委員会におけるアカデミシャンズとエデュケーショニスト」『和歌山大学教育学部紀要 教育科学』20、pp.87-96。

第 2 節

中央教育審議会、2005「今後の教育養成・免許制度の在り方について」（中間報告）。

中央教育審議会、2012「教職生活の全体を通した教員の資質能力の総合的な向上方策について」（答申）。

中央教育審議会、2015「これからの学校教育を担う教員の資質能力の向上について～学び合い、高め合う教員養成・コミュニティの構築に向けて～」（答申）。

船寄俊雄、1998、『近代日本中等教員養成論争史論―「大学における教員養成」原則の歴史的研究―』学文社。

教育職員養成審議会、1999、「養成と採用・研修との連携の円滑化について」第三次答申。

岡本徹、2014、「第 8 章　教員養成・研修制度」、河野和清編著、『新しい教育行政学』ミネルヴァ書房、pp.92-104。

【第 2 章】

第 1 節

浅野誠、2009、「大学における授業の研究」日本教育方法学会編『日本の授業研究　上巻　授業研究の歴史と教師教育』学文社、pp.155-163。

細尾萌子、2014、「大学における教育方法」日本教育方法学会編『教育方法学研究ハンドブック』学文社、pp.414-417。

木村素衞、1966、『花と死と運命　日記抄』木村素衞先生日記抄刊行会発行（長野市後町小学校内）。

Klingberg, Lothar, 1982, Didaktischer Prozeß und Didaktik als Lehrgegenstand. in derselb : *Unterrichtsprozeß und didaktische Fragestellung*. Volk und Wissen, Ss.209-229.

西田幾多郎、1966、「或教授の退職の辞」『西田幾多郎全集　第12巻』岩波書店、pp.168-171。

上田閑照、1995、『西田幾多郎―人間の生涯ということ』岩波書店。

Wolter, Andrä, 2003, Hochschule. in Arnold, K. -H., Sandfuchs, U. und Wichemann (hrsg.), 2003, *Handbuch Unerricht*, Beltz, Ss.115-119.

第2節

浅野誠、1983、「大学における教育実践の改善と大学教師」日本科学者会議教育問題研究会（原正敏・浅野誠）編『大学教師の仕事（大学における教育実践1）』水曜社、pp.13-39。

松下佳代、2015、「ディープ・アクティブラーニングへの誘い」松下佳代・京都大学高等教育研究開発推進センター編『ディープ・アクティブラーニング―大学授業を深化させるために―』勁草書房、pp.1-27。

中居舞子・境愛一郎、2013、「『授業』と『研究』はいかに関連しうるのか―ある大学教員のインタビュー調査から」『平成24年度教職課程担当教員養成プログラム報告書　博士課程学生がすすめるFD』pp.9-14。

尾川満宏・森下真実、2012、「教職教育と教育学研究のジレンマ―『教職授業プラクティカムⅠ』の経験から―」『教育学研究紀要』（CD-ROM版）、57、pp.664-668。

卜部匡司、2015、「次世代の教師を育てる教育学関連授業の取り組み―教育学の立場から―」日本教育学会中国地区『次世代の教師を育てる教員養成関連授業の可能性―教育学と教科教育学の対話と協働―（日本教育学会中国地区研究活動報告）』、pp.27-31。

山内乾、2002、「大学の授業とは何か―改善の系譜―」京都大学高等教育教授システム開発センター編『大学授業研究の構想―過去から未来へ―』東信堂。

横須賀薫、2002、「『大学における教員養成』を考える」藤田英典、黒崎勲、片桐芳雄、佐藤学編『大学改革（教育学年報9）』世織書房、pp.203-225。

油布佐和子、2013、「教師教育改革の課題―「実践的指導力」養成の予想される帰結と大学の役割―」『教育学研究』第80巻第4号、pp.478-490。

【第3章】
第2節

遠藤貴広、2014、「パフォーマンス評価とポートフォリオ評価」日本教育方法学

会編『教育方法学研究ハンドブック』学文社、pp.366-369.
文部科学省、2016、「大学における教育内容等の改革状況について（平成26年度）」（http://www.mext.go.jp/a_menu/koutou/daigaku/04052801/1380019.htm 2018.7.9最終閲覧）
Seldin, Peter, 2004, *The Teaching Portfolio: A Practical Guide to Improved Performance and Promotion/Tenure Decisions*, Third Edition, Anker Publishing Company.（＝ピーター・セルディン著、栗田佳代子訳、2007、『大学教育を変える教育業績記録―ティーチング・ポートフォリオ作成の手引き―』玉川大学出版部。）
寺西和子、2004、「ポートフォリオ評価」日本教育方法学会編『現代教育方法事典』図書文化社、p.363.
土持ゲーリー法一、2009、「ティーチング・ポートフォリオとラーニング・ポートフォリオの可能性」『21世紀教育フォーラム』第4号、弘前大学21世紀教育センター、pp.1-10.

【第4章】
第4節
中央教育審議会、2015、「これからの学校教育を担う教員の資質能力の向上について―学び合い、高め合う教員育成コミュニティの構築に向けて―」（答申）。
尾川満宏・森下真実、2012、「教職教育と教育学研究のジレンマ―『教職授業プラクティカムⅠ』の経験から―」『教育学研究紀要』（CD-ROM版）、第57巻、pp.664-668。
佐久間亜紀、2010、「1990年代以降の教員養成カリキュラムの変容―市場化と再統制化―」『教育社会学研究』第86集、pp. 97-112。
塩津英樹、2012、「これからの大学教員に求められる力とは何か―教職課程担当教員養成プログラムの成果を踏まえて―」広島大学大学院教育学研究科教職課程担当教員養成プログラム『平成23年度採択広島大学特別事業経費（全学裁量経費）Ed.D型大学院プログラム支援 教育・研究活動報告書 これからの大学教員養成の話をしよう』pp.26-31.

【第5章】
第2節
本田由紀、2009、『教育の職業的意義―若者、学校、社会をつなぐ』筑摩書房。
古賀正義、2001、『〈教えること〉のエスノグラフィー――「教育困難校」の構築

過程』金子書房。
尾場友和、2013、「アメリカ・フロリダ州立大学教職課程科目における教育と研究の結びつき」広島大学大学院教育学研究科教職課程担当教員養成プログラム『平成24年度教職課程担当教員養成プログラム報告書―博士課程学生がすすめる〈FD〉―』、pp.15-22。

第4節
Goodson, I. F., 2001, *Life Histories of Teachers: Understanding Life and Work*, Koyo Shobo.（＝藤井泰・山田浩之編訳、2001、『教師のライフヒストリー―「実践」から「生活」の研究へ―』晃洋書房。）
Goodson, I. and Sikes, P., 2001, *Life History Research in Educational Settings*, Open University Press.（＝高井良健一・山田浩之他訳、2006、『ライフヒストリーの教育学―実践から方法論まで―』昭和堂。）
Shulman, L., 1986, "Those Who Understand: Knowledge Growth in Teaching", *Educational Researcher*, 15(2), pp. 4-14.Shulman, L. 1987 "Knowledge and Teaching: Foundations for the New Reform", *Harvard Educational Review*, 57(1), pp. 1-22.

【第6章】
第1節
中央教育審議会、2015、「これからの学校教育を担う教員の資質能力の向上について―学び合い、高め合う教員育成コミュニティの構築に向けて―」（答申）。
広島大学大学院教育学研究科（2007年度採択　文部科学省大学院教育改革支援プログラム）編、2010、『Ed.D型大学院プログラムの開発と実践―教職課程担当教員の組織的養成―（最終報告書）』。

第2節
広島大学大学院教育学研究科（2007年度採択　文部科学省大学院教育改革支援プログラム）編、2009、『Ed.D型大学院プログラムの開発と実践―教職課程担当教員の組織的養成―（中間報告書）』。
広島大学大学院教育学研究科（2007年度採択　文部科学省大学院教育改革支援プログラム）編、2010、『Ed.D型大学院プログラムの開発と実践―教職課程担当教員の組織的養成―（最終報告書）』。

【第7章】
北川剛司・藤本駿・八木秀文・小早川倫美、2010、「教職授業プラクティカム」

広島大学大学院教育学研究科（2007年度採択　文部科学省大学院教育改革支援プログラム）編、『Ed.D型大学院プログラムの開発と実践―教職課程担当教員の組織的養成―（最終報告書）』、pp.23-27。

【第8章】
第1節
浅沼茂、2012、「隠れたカリキュラム」日本比較教育学会編『比較教育学事典』東信堂、p.88.

久恒拓也、2015、「資料10　教職P二年次活動振り返り　二つの教壇実習を終えて（2015年2月1日）」広島大学大学院教育学研究科教職課程担当教員養成プログラム『平成26年度教職課程担当教員養成プログラム報告書』p.42.

黒木貴人、2013、「一博士課程学生の授業変容過程―2度の教壇実習を経て―」広島大学大学院教育学研究科教職課程担当教員養成プログラム『平成24年度教職課程担当教員養成プログラム報告書―博士課程学生がすすめる〈FD〉―』pp.23-28.

丸山恭司、2012、「教職課程担当教員養成プログラムの評価」広島大学大学院教育学研究科教職課程担当教員養成プログラム『平成23年度採択広島大学特別事業経費（全学裁量経費）Ed.D型大学院プログラム支援　教育・研究活動報告書　これからの大学教員養成の話をしよう』pp.32-33.

水野考・天野かおり・佐々木保孝・杉原薫、2010、「広島大学大学院における『Ed.D型大学院プログラムの開発と実践』の現状と課題―教職課程担当教員の養成プログラムの構築に向けて―」広島大学大学院教育学研究科（2007年度採択　文部科学省大学院教育改革支援プログラム）編、2010、『Ed.D型大学院プログラムの開発と実践―教職課程担当教員の組織的養成―（最終報告書）』、pp.104-112.

森下真実、2014、「平成25年度『教職課程担当教員養成プログラム』における共同研究の成果と運営者の役割」広島大学大学院教育学研究科教職課程担当教員養成プログラム『平成25年度教職課程担当教員養成プログラム報告書　先生を育てる　先生として育つ―教職課程担当教員養成プログラムの実証的研究―』pp.36-38.

小沢弘明、2009、「国立大学の『選択と集中』―運営費交付金削減の現在―」塚原修一編著『第12巻　高等教育(広田照幸監修　リーディングス日本の教育と社会)』日本図書センター、pp.379-388.

境愛一郎・山口裕毅・張磊・久恒拓也、2014、「教職課程担当教員養成プログラムのめざすもの―プレFDプログラムとしての独自性と課題―」広島大学大学院

教育学研究科教職課程担当教員養成プログラム『平成25年度教職課程担当教員養成プログラム報告書　先生を育てる　先生として育つ―教職課程担当教員養成プログラムの実証的研究―』pp.20-35.
塩津英樹、2012、「これからの大学教員に求められる力とは何か―教職課程担当教員養成プログラムの成果を踏まえて―」広島大学大学院教育学研究科教職課程担当教員養成プログラム『平成23年度採択広島大学特別事業経費（全学裁量経費）Ed.D型大学院プログラム支援　教育・研究活動報告書　これからの大学教員養成の話をしよう』pp.26-31.

第2節
中央教育審議会、2012、「教職生活の全体を通じた教員の資質能力の総合的な向上方策について」（答申）。
中央教育審議会、2015、「これからの学校教育を担う教員の資質能力の向上について―学び合い、高め合う教員育成コミュニティの構築に向けて―」（答申）。
広島大学大学院教育学研究科教職課程担当教員養成プログラム、2012、『平成23年度採択広島大学特別事業経費（全学裁量経費）Ed.D型大学院プログラム支援　教育・研究活動報告書　これからの大学教員養成の話をしよう』。
広島大学大学院教育学研究科教職課程担当教員養成プログラム、2013、『平成24年度教職課程担当教員養成プログラム報告書―博士課程学生がすすめる〈FD〉―』。

【第9章】
第1節
森下真実、2013、「教職Pの実践からFDへの示唆」広島大学大学院教育学研究科教職課程担当教員養成プログラム『平成24年度教職課程担当教員養成プログラム報告書　博士課程学生がすすめる〈FD〉』pp.29-33。
森下真実、2014、「教職課程担当教員養成プログラム実践のリフレクションのあり方」広島大学大学院教育学研究科教職課程担当教員養成プログラム『平成25年度教職課程担当教員養成プログラム報告書　先生を育てる　先生として育つ―教職課程担当教員養成プログラムの実証的研究―』pp.39-44。
大杉昭英（研究代表）、2014、『国立大学教員養成系大学・学部において優れた取組をしている大学教員に関する調査報告書』国立教育政策研究所。
境愛一郎・中居舞子、2014、「教職課程担当教員養成プログラムがめざすもの」日本教育学会中国地区『平成25年度日本教育学会中国地区研究活動報告　教員養成改革に対応する教職科目担当授業への取り組み：若い教育研究者の挑戦と交流』pp.30-44。

境愛一郎・相馬宗胤、2015、「教職課程担当教員としての意識形成プロセスに関する質的研究」広島大学大学院教育学研究科教職課程担当教員養成プログラム『平成26年度教職課程担当教員養成プログラム報告書』pp.4-15。

境愛一郎・山口裕毅・張磊・久恒拓也、2014、「教職課程担当教員養成プログラムのめざすもの―プレFDプログラムとしての独自性と課題―」広島大学大学院教育学研究科教職課程担当教員プログラム『平成25年度教職課程担当教員養成プログラム報告書　先生を育てる　先生として育つ―教職課程担当教員養成プログラムの実証的研究―』pp.20-35。

武田信子、2017、「訳者あとがき―日本における教師教育者研究の発展を期して―」、ルーネンベルグ,M.・デンヘリンク,J.・コルトハーヘン,F.A.J.,著、武田信子・山辺恵理子監訳『専門職としての教師教育者』玉川大学出版部、pp.166-173。

山﨑準二、2014、「基調講演　教員養成改革と若い教育研究者に期待すること」日本教育学会中国地区『平成25年度日本教育学会中国地区研究活動報告　教員養成改革に対応する教職科目担当授業への取り組み―若い教育研究者の挑戦と交流―』pp.1-12。

第2節

吉良直、2008、「アメリカの大学における TA養成制度と大学教員準備プログラムの現状と課題」『名古屋高等教育研究』8、pp.193-215。

今野文子、2016、「大学院生等を対象とした大学教員養成プログラム（プレFD）の動向と東北大学における取組」『東北大学高度教養教育・学生支援機構紀要』第2号、pp.61-74。

佐藤万知、2013、「大学院生向け大学教員準備プログラムに関する考察」『東北大学高等教育開発推進センター紀要』第8号、pp.91-98。

田口真奈・出口康夫・京都大学高等教育研究開発推進センター編著、2013、『未来の大学教員を育てる―京大文学部・プレFDの挑戦―』勁草書房。

東北大学高度教養教育・学生支援機構、2015、『2014年度東北大学 大学教員養成プログラム／新任教員プログラム報告書』。

第3節

栗田佳代子、2015、「ラウンドテーブル　プレFDの現状からみえる課題と目指すべき方向性」『大学教育学会誌』第37巻第2号、pp.75-78。

夏目達也・近田政博・中井俊樹・齋藤芳子、2010、『大学教員準備講座』玉川大学出版部。

境愛一郎・山口裕毅・張磊・久恒拓也、2014、「教職課程担当教員養成プログラムのめざすもの―プレFDプログラムとしての独自性と課題―」広島大学大学

院教育学研究科教職課程担当教員プログラム『先生を育てる　先生として育つ―教職課程担当教員養成プログラムの実証的研究―』pp.20-35.
佐藤浩章編、2010、『大学教員のための授業方法とデザイン』玉川大学出版部。
佐藤浩章、2012、「日本における FD論の批判的検討」『大学教育学会誌』第 34 巻第 1号、pp.80-88.
田口真奈・出口康夫・京都大学高等教育研究開発推進センター編著、2013、『未来の大学教員を育てる―京大文学部・プレ FD の挑戦―』勁草書房。
田口真奈・松下佳代・半澤礼之、2011、「大学授業における教授のデザインとリフレクションのためのワークシートの開発」『日本教育工学会論文誌』第 35 巻第 3 号、pp.269-277.
高井良健一、2015、『教師のライフストーリー――高校教師の中年期の危機と再生―』勁草書房。
田中一孝・畑野快・田口真奈、2014、「プレ FDを通じた大学教員になるための意識の変化と能力の獲得―京都大学文学研究科プレ FDプロジェクトを対象に―」『京都大学高等教育研究』第 20号、pp.81-88.
田中毎実、2008、「FDの工学的経営学的モデルとその生成性の回復のために」『大学教育学会誌』第 30巻第1号、pp.54-56.
山﨑準二、2012、『教師の発達と力量形成―続・教師のライフコース研究―』創風社。
山﨑準二、2016、「教師教育の多元化システムの構築―『教師のライフコース研究』の視点から―」佐藤学・秋田喜代美・志水宏吉・小玉重夫・北村友人編『岩波講座教育　変革への展望 4　学びの専門家としての教師』岩波書店、pp.165-195.

索　引

【あ行】

アカデミズム　28, 74, 97
アカデミックな教師　12
アカデミック・ポートフォリオ　168
アクティブ・ラーニング　16, 24, 26, 71,
　81, 82, 102, 103, 119, 121, 125-127, 175
アクレディテーション　11
天野貞祐　8
Ed.D型　ⅱ, 35, 102, 109, 117, 139
Ed.D型大学院プログラム　ⅰ, ⅴ-ⅶ, 106,
　108-110, 113, 114, 139-143, 145, 146,
　152, 156
いじめ　33, 77, 78
インターン　16, 20, 96, 111, 113
エデュケーショニスト　8
(教職科目の)大括り化／大くくり化
　14, 15, 105
大阪市立大学　167-169
大阪大学　167, 168, 173

【か行】

開放制　7, 9, 137
学芸大学　8, 9, 11
学習指導要領　15, 38
学習ポートフォリオ　38
学修ポートフォリオ　39, 41, 43, 44
学習主体　81
学制　4, 7
学問の自由　7, 73
学校教育法　19, 57
学校教員　75, 76, 82, 89, 96, 109, 162, 177
課程認定　9, 11, 13, 15, 18-20, 23, 104, 169,
　171
カント, イヌマエル　23
木下一雄　8
木村素衛　22, 23
教育委員会　15, 19, 82, 88, 92, 93, 104,
　105, 110-112
教育学　ⅰ, ⅱ, 4, 5, 8-10, 12, 18, 23-30,
　33, 34, 63-65, 83, 85, 90, 97, 106, 108,
　09, 124, 131, 140, 143, 150, 158, 161,
　164, 169
教育刷新委員会　8
教育実習　ⅰ, 4, 12, 17, 24, 35, 49, 64, 96,
　112, 113, 125
教育職員免許法　ⅱ, 9, 11, 14, 16, 26,
　105, 106
教育職員免許法施行規則　16, 17, 26
教育職員養成審議会　13, 161
教育の自由　7
教育理念　39, 93, 135
教育令　5
教員採用試験　53-55, 57, 59, 83
教員免許状　13, 15, 69, 104, 140, 170
教員免許状更新講習　13, 69, 140
教員養成　ⅰ, ⅱ, ⅴ, ⅶ, 4-12, 19, 20, 25-
　31, 33, 35, 37, 40, 48, 52, 54, 68, 70, 71, 73,
　74, 76, 89, 96-99, 102-105, 107
教員養成学講究　40, 110, 114, 135
教科に関する科目　15, 105
教師教育者　67, 126, 158, 162, 164, 181, 182
教職課程　106-108, 112, 116, 117, 124, 126-
　128, 135
教職課程カリキュラム　7, 138, 145, 149,

193

153, 156-161, 163, 167, 169-171
教職課程コアカリキュラム 13-15, 18, 73
教職課程実地視察 104
教職課程担当教員 ⅰ, ⅴ-ⅶ, 11, 19, 20, 32-35, 37, 38, 43, 53, 54, 73-75, 89, 105-108, 116, 117, 126, 135, 137, 145, 149, 153, 156, 157, 158
教職課程担当教員としての自覚 109, 158
教職課程担当教員養成プログラム ⅰ, 117, 148, 167, 179, 180
教職課程に関する外部評価制度 104
教職課程認定基準 15, 18, 169, 171
教職教育ポートフォリオ 38, 40-44, 113, 114, 137, 172
教職支援センター 106
教職実践演習 17, 24, 26, 64, 68
教職授業プラクティカム 113-116, 118-120, 125, 134, 165, 169-171, 173
教職大学院 ⅶ, 95-97, 104, 105, 107, 165
教職に関する科目 15, 16, 18, 56, 64, 105, 110-113
教職の専門職性 12
共同研究 114, 116, 145, 146, 148-154, 156, 157, 164, 175
教養科目 58, 170
玖村敏雄 8
倉橋惣三 8
ケーススタディ 53
ケースメソッド 89, 98
研究者養成 ⅰ, ⅱ, 28, 34, 109, 124, 145, 146
現職研修 13
「講義」形式 81
高等師範学校 5, 6, 8, 9
国立教育政策研究所 162-164
コメントシート／感想シート 51, 52, 130, 133

【さ行】
サーティフィケイト 114
事後検討会 35, 36, 41, 113, 115-117, 120, 122, 123, 127-133, 135, 137, 149, 169
資質能力 ⅱ, 9, 12-14, 16, 19, 35, 102, 103, 105, 108, 155, 161, 162, 165, 179
事前検討会 35, 36, 113, 117-122, 127-129, 137, 164
実践家重視モデル 96, 97, 99
実践的指導力 14, 26, 102, 104
実践的知識 96, 99
質保証（質の保障） ⅱ, 11-13, 16, 25, 28, 73, 104, 165, 166
実務家教員 ⅵ, 82, 95, 105, 107, 108, 158, 165
師範型 4, 5
師範学校 4-10
師範学校教則大綱 5
師範学校令 5, 6
師範教育令 4
授業研究 36, 48, 80, 82, 128, 169, 170
授業評価アンケート 44, 53, 143
授業理念 32, 33, 39, 41-43, 114, 115, 134
授業を問い、改善する力 144, 158-160, 163, 164
主体形成論 78, 82
職能開発 ⅴ, 71
シラバス ⅰ, 9, 35, 40, 41, 109-112, 114, 118, 135, 136, 168, 175
新制大学 9, 23
省察 ⅶ, 21, 36-38, 40, 42-44, 73, 75, 90, 95, 109, 116, 130-133, 135-137, 147, 150, 154, 160, 163, 164, 168, 171
セルディン, ピーター 40
全国私立大学教職課程研究連絡協議会 68
「先生の先生になる」 ⅰ, 32, 33, 48, 54,

70, 73, 75, 102, 117, 135, 156, 171
専門家重視モデル　96, 97, 99
専門科目　10, 56, 58, 63, 64, 170, 171
専門職　ⅱ, 12, 13, 19, 96, 97, 161, 169
専門職大学院　96, 97

【た行】
大学院教育改革　ⅰ, 108, 167
大学院生のキャリア支援　167
大学院生の専門性開発(graduate student development)　165, 166, 167
大学教員　ⅰ, ⅱ, ⅲ, ⅴ-ⅶ, 25, 27-30, 32, 33, 37, 40, 44, 48, 49, 51, 53-55, 67, 69-76, 81-83, 89-91, 96, 97, 99, 106, 108, 115, 126, 137, 139-147, 153, 156, 158, 161-163, 165-173, 175, 176, 178, 181
大学教員準備講座　173, 175
大学教員準備プログラム(Preparing Future Faculty Program: PFFP)　166, 167, 173
大学教授学講究　31, 40, 110, 114, 136
大学における教員養成　7, 9, 10, 107, 109, 137
田中毎実　176, 178
中央教育審議会　ⅱ, 12, 14, 19, 38, 39, 102, 153, 161, 172
筑波大学　167, 174
TA研修　165-167, 174
TA制度　168, 174
ティーチング・フェロー(TF)　168, 174
ティーチング・ポートフォリオ　39-41, 44, 168
帝国大学　5-7, 10, 22, 23
ティーチング・アシスタント(TA)　32, 165
テニュア・トラック制度　71
東京大学　167, 168, 173, 175

東北大学　10, 11, 167, 168, 173
トーク&チョーク型　50

【な行】
西田幾多郎　21-23
認証評価　11, 104
望ましい教師像　12, 14, 19, 20

【は行】
発問　51, 81, 82, 98, 118, 122, 125, 132
Ph.D型　ⅱ, 34, 108-110, 139
非常勤講師　32, 49, 52, 56, 136, 140, 168
一橋大学　169
評価材　41, 42, 127
広島大学　48, 49, 109, 115, 117, 119, 120, 124, 125, 133, 134, 143, 145, 149, 156, 165, 167, 173, 174
広島文理科大学　22
ファカルティ・ディベロップメント(FD)　ⅴ, 137
プラクティカム指導教員　113, 118, 130, 131, 137, 174
プレFD(Preparing Future Faculty: PFF)　ⅶ, 136-138, 145, 149, 152, 154
プロフェッショナリズム　97
プロフェッショナルな教師　12
文検　7
フンボルト理念　66
ポートフォリオ評価　38, 43, 44, 175
北海道大学　167, 169, 174

【ま行】
マイクロティーチング　24, 168, 169
学び続ける教師像　19
宮城師範学校　10, 11
民間情報教育局(CIE)　7
無試験検定制度　6

メンタリング　44
森有礼　5
文部科学省　73, 108, 113
文部省　6-9, 92, 93

【や行】
山﨑準二　177
横須賀薫　26

【ら行】
ラーニング・ポートフォリオ　68
履修カルテ　68, 69
立命館大学　167
リフレクティブ・ジャーナル　168

【わ行】
若手教員　vi, 48, 49, 70, 71, 74
ワークショップ　53

Yasushi Maruyama, Mitsuhiro Ogawa & Mami Morishita (Ed.) *Becoming a Teacher Educator in University: A Case of Preparing Future Faculty Program in Teacher Education*

Contents

Introduction (Masaki Sakakoshi)
Constitution of This Book (Mitsuhiro Ogawa)

Part I. Current Issues of Contemporary Teacher Education System for Teacher Educator's Improvement

Chapter 1. Foundation of Teacher Education System
1.1. History and Perspective of Teacher Education System (Takuya Hisatsune)
1.2. Curriculum of Teacher Training Course (Makiko Santoki)

Chapter 2. Teaching Theory in Teacher Training Course
2.1. Reformation of Type of Lesson and Issues of Teaching Theory at University: Putting to essence of Lecture and Seminar (Hiroaki Fukazawa)
2.2. Points of Designing in Teaching Training Course: Between "Educational Studies" and "Teacher Education System" (Eisuke Hisai)

Chapter 3. Forming and Evaluation of Teacher Educator's Professional Development
3.1. Practice and Improvement of Lessons in Teacher Training Course (Atsushi Nanakida)

3.2. Reflection as Teacher Educator (Kana Yoshida & Yasushi Maruyama)

Part Ⅱ. Issues of "Becoming a Teacher Educator" on Initial Career Formation

Chapter 4. Teaching Students as Novice Teacher Educator in University

4.1. Reflection on the Way to Becoming "Teacher Educator" (Shota Kumai)
4.2. "Teacher Educator" Growing up with Students in Pre-Service of "Teacher" (Mami Morishita)
4.3. Working at "Isolated University" (Takayoshi Maki)
4.4. Reading Life Story of Novice Teacher Educator in University (Mitsuhiro Ogawa)

Chapter 5. Experience as Teacher into Teacher Education in University

5.1. Becoming Teacher Educator in University from Primary School Teacher (Hidefumi Yagi)
5.2. Becoming Teacher Educator in University from High School Teacher (Tomokazu Oba)
5.3. Becoming Teacher Educator in University from Junior High School Principal (Seiji Okino)
5.4. Transfer from School Teacher to Teacher Educator in University : Importance of Pedagogical Content Knowledge for Teacher Education (Hiroyuki Yamada)

Contents

Part Ⅲ. Challenge of Program for Preparing Future Faculty Development in Teacher Education : Significance and Issue

Chapter 6. Overview of Program for Preparing Future Faculty Development in Teacher Education of Hiroshima University

   6.1. Current Issues of Teacher Education in Japan (Kazuhiro Koga)
   6.2. Framework of Program for Preparing Future Faculty Development in Teacher Education of Hiroshima University (Maiko Maeda)

Chapter 7. Current Situation and Issues of Program for Preparing Future Faculty Development in Teacher Education of Hiroshima University

   7.1. Aims in Pre-conference: Clarification about Content-Method-Evaluation and Sharing the Idea of Lesson (Yuhei Anjiki, Shuhei Tuda, Keisuke Masuda & Nami Matsuo)
   7.2. Implementation, Documentation, and Interpretation of Practicum (Miyuki Okamura, Haruka Masaki & Kosei Fujimura)
   7.3. Framework of "Reflection" in Post-conference (Munetane Soma, Naoyuki Yamada & Yuichiro Sato)
   7.4. Implications of "Lesson Study" for Teacher Educator in University (Nariakira Yoshida)

Chapter 8. Intersection in "Ph.D." and "Ed.D." : Significance and Issues

   8.1. What Do Graduate Students Learn from the Program? (Takayoshi Maki & Hideki Shiozu)

8.2. Significance of Collaborative Research in the Program (Mitsuhiro Ogawa & Mami Morishita)

Chapter 9. Evaluation and Issues of the Program from Three Perspectives

9.1. Significance and Issues of the Program from Viewpoint of Teacher Education (Hirofumi Soyoda)

9.2. Significance and Issues of "Teaching Practicum" from Viewpoint of PFF(Preparing Future Faculty) (Machi Sato)

9.3. How Can We Catch Learning and Change as Teacher Educator? (Hirotaka Sugita)

Conclusion (Yasushi Maruyama)
Epilogue (Mami Morishita)
References
Index
Editor and Author

編者・著者一覧

〈編者〉

丸山 恭司（第3章第2節、おわりに）

2000 年　フロリダ州立大学大学院教育学研究科修了。Ph.D.
広島大学大学院教育学研究科講師、准教授を経て、
現在、広島大学副学長、大学院教育学研究科教授。専攻は教育哲学。
主な著書に、"Wittgenstein on Teaching and Otherness: Toward an Ethic of Teaching"（UMI Dissertation Publishing, 2000）、『道徳教育指導論』（編著、協同出版、2014 年）がある。主な論文に、「教育において＜他者＞とは何か——ヘーゲルとウィトゲンシュタインの対比から—」（『教育学研究』第 67 巻第 1 号、2000 年）や "Ethics Education for Professionals in Japan: A Critical Review"（Educational Philosophy and Theory, vol.42, no.4, 2010）がある。

尾川 満宏（本書の構成、第4章第4節、第8章第2節）

2013 年　広島大学大学院教育学研究科博士課程後期修了。博士（教育学）。
同年広島大学教職課程担当教員養成プログラム修了
山口県立大学学生支援部助教、愛媛大学教育学部講師を経て、
現在、愛媛大学教育学部准教授。専攻は教育社会学。
主な著書に、『教育の制度と社会』（共著、協同出版、2014 年）、『特別活動論』（共著、協同出版、2014 年）、『入門・子ども社会学』（共著、ミネルヴァ書房、2015 年）がある。主な論文に、「地方の若者による労働経験の再構築」（『教育社会学研究』第 88 集、2011 年）、「トランジションをめぐる『現場の教授学』」（『子ども社会研究』18 号、2012 年）、「児童労働の排除から権利論的キャリア教育論へ」（『子ども社会研究』23 号、2017 年）「若者の移行経験にみるローカリティ」『教育社会学研究』第 102 集、2018 年）がある。

森下 真実（第4章第2節、第8章第2節、あとがき）

2013 年　広島大学大学院教育学研究科博士課程後期単位取得退学。修士（教育学）。
同年広島大学教職課程担当教員養成プログラム修了
広島大学大学院教育学研究科助教を経て、
現在、広島都市学園大学子ども教育学部講師。専攻は教育経営学。

主な著書に、『教職概論』（共著、協同出版、2014年）、『幼稚園・保育所・認定こども園への教育・保育実習の手引き』（共著、溪水社、2016年）がある。主な論文に、「教師と教師集団の成熟・自律を狙ったレッスン・スタディに関する事例的考察」（『教育学研究ジャーナル』第11号、2012年）、「教師教育における経営的思考の開発に関する研究（1）」（共著、『教育学研究紀要』(CD-ROM版)第63巻第2号、2018年）がある。

〈著者〉（所属、担当章節）

坂越　正樹	広島大学大学院教育学研究科	教授	はじめに
久恒　拓也	広島大学大学院教育学研究科	助教	第1章第1節
三時　眞貴子	広島大学大学院教育学研究科	准教授	第1章第2節
深澤　広明	広島大学大学院教育学研究科	教授	第2章第1節
久井　英輔	広島大学大学院教育学研究科	准教授	第2章第2節
七木田　敦	広島大学大学院教育学研究科	教授	第3章第1節
吉田　香奈	広島大学教育本部	准教授	第3章第2節
熊井　将太	山口大学教育学部	講師	第4章第1節
牧　貴愛	広島大学大学院国際協力研究科	准教授	第4章第3節 第8章第1節
八木　秀文	安田女子大学教育学部	准教授	第5章第1節
尾場　友和	大阪商業大学公共学部	講師	第5章第2節
沖野　清治	元広島大学大学院教育学研究科	特任教授	第5章第3節
山田　浩之	広島大学大学院教育学研究科	教授	第5章第4節
古賀　一博	広島大学大学院教育学研究科	教授	第6章第1節
前田　舞子	鳥取短期大学幼児教育保育学科	助教	第6章第2節
安喰　勇平	茨城キリスト教大学児童教育学科	助教	第7章第1節
都田　修兵	岡山短期大学幼児教育学科	助教	第7章第1節
増田　圭佑	鳥取短期大学幼児教育保育学科	助教	第7章第1節
松尾　奈美	広島大学大学院教育学研究科博士課程後期		第7章第1節
岡村　美由規	広島大学大学院教育学研究科博士課程後期／教育研究補助職員		第7章第2節
正木　遥香	大分大学高等教育開発センター	講師	第7章第2節
松田　充	日本学術振興会特別研究員		第7章第2節
藤村　晃成	広島大学大学院教育学研究科博士課程後期		第7章第2節

相馬　宗胤	高松短期大学保育学科　助教	第7章第3節
山田　直之	神戸女子大学文学部　助教	第7章第3節
佐藤　雄一郎	広島大学大学院教育学研究科博士課程後期	第7章第3節
吉田　成章	広島大学大学院教育学研究科　准教授	第7章第4節
塩津　英樹	島根大学教育学部附属教師教育研究センター　准教授	第8章第1節
曽余田　浩史	広島大学大学院教育学研究科　教授	第9章第1節
佐藤　万知	広島大学高等教育研究開発センター　准教授	第9章第2節
杉田　浩崇	愛媛大学教育学部　准教授	第9章第3節

＜英文目次作成＞

梅田　崇広	広島大学大学院教育学研究科博士課程後期
松浦　明日香	広島大学大学院教育学研究科博士課程後期
山本　優	広島大学大学院教育学研究科博士課程後期

教員養成を担う
「先生の先生になる」ための学びとキャリア

　　　　　　　　　　　　　　　平成31年2月15日　発行

編　者　丸山恭司・尾川満宏・森下真実
発行所　株式会社　溪水社
　　　　広島市中区小町1-4（〒730-0041）
　　　　電話082-246-7909　FAX082-246-7876
　　　　e-mail: info@keisui.co.jp
印刷製本　モリモト印刷

ISBN978-4-86327-468-6 C3037